Johannes Kuhn · Ermunterung

Morgen – das ist wie ein blank geputztes Fenster.
Alles Trübe ist weggewischt,
und man schaut wieder durch.
Morgen – das ist die Chance,
einen neuen Anfang zu machen
mit sich selbst, mit anderen, mit Gott.
Was ihn angeht, so will seine Barmherzigkeit
alle Morgen neu sein, also heute auch, auch für Sie.
Es ist sein Herz, das Gott uns öffnet
und das besonders denen zugetan ist,
die das Gefühl haben,
das dunkle Gestern mit dem,
was ungeordnet geblieben ist,
reiche mit seinen Nachtschatten
bis in diesen Morgen hincin.
Martin Luther King hat einmal gesagt:
»Gott kann Wege aus der Ausweglosigkeit weisen.
Er will das dunkle Gestern
in einen hellen Morgen verwandeln,
zuletzt in den leuchtenden Morgen der Ewigkeit!«
Dies ist nicht eine Flucht nach vorn.
Es ist ein Sichöffnen nach vorn,
damit von dort Licht einfließt,
Zukunft und Vertrauen in das Heute.

Johannes Kuhn

Ermunterung

Zum Anfangen und Atemholen

Kreuz Verlag Stuttgart · Berlin

Dieses Buch ist auch als Hörbuch erschienen.
Blinde können es kostenlos entleihen bei der
Deutschen Blindenstudienanstalt
– Emil-Krückmann-Bücherei –
Liebigstr. 9
3550 Marburg
Telefon: 06421/606-261
oder bei der
Deutschen Blinden-Hörbücherei
Am Schlag 2a
3550 Marburg
Telefon: 06421/606-261

6. Auflage (29.–31. Tausend) 1989

Gestaltung: Hans Hug
Umschlagfoto: Siegfried Himmer
Gesamtherstellung: Clausen & Bosse, Leck
ISBN 3 7831 0610 9

Ermuntert euch und singt mit Schall
Gott, unserm höchsten Gut,
der seine Wunder überall
und große Dinge tut;

der uns von Mutterleibe an
frisch und gesund erhält
und, wo kein Mensch nicht helfen kann,
sich selbst zum Helfer stellt.

Er gebe uns ein fröhlich Herz,
erfrische Geist und Sinn
und werf all Angst, Furcht, Sorg und Schmerz
ins Meeres Tiefe hin.

Paul Gerhardt

Meiner lieben Frau
in Dankbarkeit für alle Ermunterung,
die von ihr ausgeht.

Inhalt

Ein weises Herz

Abschied und Neubeginn

Wo Gott dich hingesät hat,
da sollst du zu blühen verstehen.

Jan de Hartog

Jede Zeit hat ihre Stichworte ...

Unsere auch. Manche davon sind dunkel und schwer. Man hört sie nicht gern, Stichworte wie Angst, Resignation, Einsamkeit ...

Sie beschreiben manchem zuviel von dem, was er viel zu gut kennt.

Aber es gibt auch andere Stichworte. Wo sie fallen, wird das Leben heller. Sie haben etwas an sich, das uns beflügelt. Wir warten auf sie wie auf einen hochwillkommenen Besuch. Wir sehnen uns nach ihnen wie nach einem Fest, das den grauen Alltag unterbricht.

»Ermunterung« – der Titel dieses Buches – ist eines von diesen Stichworten. Es steht über diesem Buch wie eine Tür, die darauf wartet, geöffnet zu werden. Freilich, hindurchgehen müssen wir selbst, um dann das zu finden, was uns ermuntern will zu neuer Hoffnung, neuem Glauben, neuer Liebe.

Sicher, mancher mag vor dem bleiernen Horizont seines Lebens kaum noch an Veränderungen glauben. Er hat sich eingerichtet. Lebensverdruß und Resignation haben in ihm ihr Haus gefunden. Aber Ermunterung will ja gerade diese Verschlossenheit öffnen. Sie will Mut zuführen. Sie will aus einem müden Zeitgenossen einen mutigen Mitmenschen machen.

Freilich gilt da manchmal das Sprichwort: »Aller Anfang ist schwer.« Aber es stimmt auch der andere Satz: »Der Anfang ist die Hälfte des Ganzen.« So geht es also um den ersten Schritt, mit dem auch die weiteste Reise zu beginnen pflegt.

Der erste Schritt in einen neuen Tag hinein.

Der erste Schritt nach langem Schweigen wieder aufeinander zu.

Der erste Schritt, vielleicht zögernd, dann aber doch getan, auf Gott zu: »Herr, du weißt ...«

Dabei sollten wir wissen, daß unsere Anfänge unter der Verheißung stehen: »Der in euch angefangen hat das gute Werk, der will es auch vollführen bis an den Tag Jesu Christi« (Philipper 1,6).

Ermunterung zum Anfangen schließt den Glauben ein, daß wir uns ändern können. In der Vielfalt der Themen, die unser Leben spiegeln, wollen die einzelnen Beiträge dieses Buches Mut machen, sich ändern zu lassen. Sie wollen nicht als ermahnende Appelle verstanden werden, sondern dazu einladen, das eigene Leben mit dem in Beziehung zu bringen, auf den der Hebräerbrief hinweist: »Laßt uns hinsehen auf Jesus, den Anfänger und Vollender unseres Glaubens« (Hebräer 12,2).

Ermunterung zum Anfangen und Atemholen – ich wünsche Ihnen gute Erfahrungen dabei.

Stuttgart, Sommer 1980 *Johannes Kuhn*

Eine rettende Jdee

Wohlauf, meine Herze, sing und spring
und habe guten Mut!
Dein Gott, der Ursprung aller Ding,
ist selbst und bleibt dein Gut.

Paul Gerhardt

Der jüngste Sohn

Manche Leute halten das Leben eines Christen von vornherein für begrenzt, eng, kleinkariert, und also zu meiden. Sie halten es mit dem Satz: »Christsein, das ist alles, was man nicht darf.« Woher solch ein Mißverständnis kommt? Wahrscheinlich haben wir dazu Anlaß gegeben.

Dabei ist es ganz anders. Und Ostern beschreibt, wie anders es ist. Steht doch seitdem alles unter dem Gesetz des Lebens, das mit Christus einen langen Atem, einen weiten Bogen und große Offenheit gebracht hat, so daß der Apostel Paulus einmal an die Philipper schreiben kann: »Richtet eure Gedanken auf das, was gut ist und Lob verdient, was wahr, edel, gerecht, sauber, liebenswert und schön ist« (Philipper 4,8).

Welch ein weitgespannter Rahmen! Damit wird uns der Blick geöffnet für vieles, was wir draußen gelassen haben, weil wir vergessen hatten, wie es mit den Schöpfungsgaben Gottes und ihrer Vielfalt eigentlich bestellt ist.

Das bedeutet, daß man aus und von allem etwas lernen kann. Vom Märchen sogar. Es ist wahrhaftig nicht etwas für Kinder, obwohl auch sie ihm die eine oder andere Seite abgewinnen können. Es ist besonders für Leute, die in einer Lebenskrise stecken. Ein Märchen erzählt zum Beispiel von einem sterbenskranken Vater und seinen drei Söhnen.

Die Rangordnung dieser drei ist so: Der erste ist die Hoffnung der Familie, von dem zweiten erwartet man auch viel, und der dritte ist einer, von dem man überhaupt nichts erwartet. Er läuft als der kleine Dumme halt so mit. Der kranke Vater, der von einem Lebenswasser gehört hat, schickt den Ältesten los – mit einem Geschenk –, das Lebenswasser zu holen. Er vertraut und hofft auf ihn als den Erstgeborenen. Aber der bringt nichts zurück. Der zweite Sohn wird losgeschickt – ihm ergeht es genauso. Als der dritte, der kleine Dumme, sagt: »Vater, jetzt gehe ich«, da sagt der Vater: »Wenn die beiden anderen das nicht geschafft haben, dann du erst recht nicht.« Aber der Junge bettelt so, daß man ihn gehen läßt. Und siehe da, er bringt dieses Lebenswasser.

Ein Märchen für Kinder, aber eine Geschichte für Erwachsene. Alle vier Figuren sind dieselbe Person. Es ist der Mensch, der in eine Lebenskrise kommt und der nun versucht, all jene Kräfte zu mobilisieren, die ihm bisher in seinem Leben geholfen haben: berufliche Anstrengung, Geld, Ansehen, zusätzlichen Erfolg. Aber das alles bringt's einfach nicht. Dann der dritte Sohn, jene Kraft in uns, die lange Zeit verschüttet, übersehen, als Nichts geachtet war, sie gewinnt heilende Kraft in uns.

Jenes Märchen, von dem wir gesprochen haben, endet so, daß der Alte zurücktritt und seinem jüngsten Sohn die Herrschaft überläßt. Eine Umbesetzung des seelischen Haushalts, eine Umstrukturierung der Gesamtpersönlichkeit. Was bisher verdrängt war, tritt nun in seine Rechte und übernimmt die Führung.

Das Gleichnis entschlüsselt: Wir haben sehr viel in unserem Leben nach außen verlagert. Und das Ergebnis: Nichts an uns ist ausgewogen.

Also hat der Apostel Paulus doch recht, wenn er unsere Gedanken auf das richtet, was gut, was wahr, liebenswert und schön ist und was Lob verdient, damit wir von da auf etwas gewiesen werden, was uns daran erinnert: Wer seine Ganzheit verliert, das, was man heute Identität nennt, der zerfällt. Da ist nichts mehr an ihm, was zusammen gehört. Demgegenüber sagt Gott: »Wandle vor mir und sei fromm« (1. Mose 17,1)! Sei ein ganzer Mensch, einer, bei dem das Innen und Außen stimmt.

Diese Ganzheit und Entscheidungen, die aus dieser Ganzheit kommen, wünsche ich Ihnen.

Ideen muß man haben

»Ideen muß man haben«, sagen wir manchmal, wenn es jemand gelungen ist, eine Situation zu entschärfen oder irgend etwas Ungewohntes, nicht Erwartetes auszulösen. Ideen muß man haben! – Und warum haben wir die oft nicht? Sind wir zu verkrampft oder zu dicht an einer Sache dran, so daß wir uns nicht unbefangen äußern können? Sind wir selbst so verstrickt in die Probleme, daß wir wie festgefahren sind?

Wir haben im Rollenspiel des Alltags unseren Platz, und andere haben auch den ihren in der Hackordnung irgendeines Betriebes oder einer Familie, und da scheinen erneuernde Ideen rar zu sein. Dabei wäre das manchmal eine große Hilfe, so eine Idee zu haben, wie ein kleines zwölfjähriges Mädchen.

Da hat es Krach in der Familie gegeben. So ordentlich zwischen Vater und Mutter. Halt eben, wie es manchmal so ist.

Die Anlässe sind oft klein genug. Aber es kommt eben gerade an diesem Tag so vieles zusammen, man ist mit den Nerven knapp bei Kasse. Na ja, dann explodiert einer und der andere gleich hinterher. Die Kinder stehen daneben, schütteln den Kopf, sind traurig, gehen in ihr Zimmer zurück, machen die Musik ganz laut an, daß sie es nicht mehr hören –

es braucht ja wenig Phantasie, um sich vorzustellen, wie es dann zugeht.

Jenes kleine Mädchen allerdings hat anders reagiert. Als seine Eltern sich immer mehr erhitzten und in die Wolle kriegten, hat es sich heimlich davongestohlen und ist in die nächste Telefonzelle gerannt. Von dort hat es die häusliche Telefonnummer angerufen und, als zu Hause abgenommen wurde, mit verstellter Stimme gesagt: »Hier spricht die Reporterin von der Illustrierten ›Soundso‹. Ich möchte gern mit Herrn Soundso verbunden werden.« »Ja, ist am Telefon.« »Wir machen eine Umfrage, und ich möchte sie fragen: Lieben Sie Ihre Frau?« Dem Vater war ganz blümerant zumute. Jetzt in der Situation, wo sich da eben etwas aufgeschaukelt hatte zwischen ihm und seiner Frau! Er stotterte: »Nun, ja, natürlich, sicher.« Und er rief seine Frau ans Telefon: »Du, hör mal, hier, wer uns anruft.« Da wurde die Mutter ebenso gefragt: »Lieben Sie Ihren Mann?« Nun, die Mutter erkannte die Stimme ihrer Tochter ziemlich schnell, aber das war ihr doch in die Glieder gefahren. Sie antwortete – und dabei war ihr sehr bewußt, was sie sagte: »Ja, natürlich liebe ich meinen Mann.« Dann am anderen Ende die Stimme, die sagte: »Danke!«, und es wurde aufgehängt.

Als die kleine Tochter zurückkam, saßen die Eltern am Tisch und unterhielten sich – jetzt bedachtsam und aufeinander hörend. Sie sagten zu ihr: »Du hast uns ja einen ganz schönen Schrecken eingejagt, aber geholfen hast du uns auch.« »Ideen muß man eben haben«, fügte der Vater hinzu. Warum hatte sie diese Idee? Weil sie ihre Eltern liebte. Und weil die Liebe sie auf Gedanken brachte wie eben diese schöne Idee, den Eltern zu helfen.

Der Liebe viel Phantasie einräumen und bestimmte Zustände nicht einfach hinnehmen, das bringt auf

Ideen. Vielleicht wäre das ein Abglanz der Liebe Gottes. Manchmal denke ich, wieviel Phantasie der Liebe hat Gott doch gegenüber uns Menschen bewiesen, damit wir erkennen möchten, was er alles anstellt, um uns zu gewinnen!

Jesus als der neue Anfang mit uns allen – welch eine phantastische Idee Gottes! So werden wir aufgefordert: »Seht, welch eine Liebe hat uns der Vater erzeigt, daß wir Gottes Kinder heißen sollen« (1. Johannes 3,1).

Es kommt freilich dann darauf an, daß ein solches Lesewort in uns verwandelt wird in ein Lebenswort: Liebe, das entscheidende Schlüsselwort.

Ich wünsche Ihnen ein paar Leute um Sie herum, die solch lösende »Ideen« haben. Vielleicht gehören Sie selber zu denen, die aus Liebe zu einem Menschen etwas tun, indem Sie über Ihren eigenen Schatten springen.

Stichwort für Steckengebliebene

Manchmal möchte man in ganz bestimmten Situationen so etwas wie ein hilfreiches Wort haben, das einen weiterbringt. Ein Stichwort, denn tatsächlich kommt man sich ja manchmal auf der Bühne des Lebens vor, als wäre man steckengeblieben, und es geht und geht nicht weiter. Aber wenn einem jetzt jemand so ein Stichwort sagen würde, das weiterhilft – das gäbe eine neue Bewegung. Plötzlich kann man wieder.

Aber woher soll es kommen? Wir schauen uns um und sehen eben auch so Leute wie uns, ähnlich verlegen, ähnlich steckengeblieben. Die fragen ja auch: Woher bekomme ich solch ein Stichwort? Wer hilft mir weiter? Und wie verlegen sind wir gegenüber dem, wonach wir uns bisher gerichtet hatten, denn es stellt sich oft heraus: Es trägt doch nicht so weit, wie wir vermutet hatten.

So ein Stichwort wäre wie eine Leitplanke, an der man sich durch einen Tag tastet. So ein Stichwort ist kein Schlagwort. Davon haben wir genug. Wir brauchen etwas für uns selbst, das uns darauf aufmerksam macht, worauf es jetzt, heute, ankommt. Ein Stichwort, das sozusagen Energien freisetzt, um das Leben, um diesen Tag heute zu bewältigen, damit es gelingendes Leben gibt. Woher bekommen wir es?

»Von allen Seiten umgibst du mich, Gott, und hältst deine Hand über mir« (Psalm 139,5). Das wäre doch ein Stichwort: Gewiß zu sein, ich bin von guten Mächten wunderbar geborgen. »Von allen Seiten«, das heißt doch: Der Alltag, Ihr Alltag heute, ist offen für Gott. Auf allen Wegen, heute, kann man diese Erfahrung machen. »Du umgibst mich.« Wie eine Nährflüssigkeit, die mich am Leben hält. Oder wie einer, der seinen Arm schützend, bewahrend und tröstend um mich legt. Welch ein Stichwort! Nehmen wir es auf, sind wir nicht mehr festgefahren. Wir brechen auf zur Hoffnung, zu der Erwartung, daß es anders mit uns werden kann.

»Von allen Seiten umgibst du mich, Gott!« Auch dort, wo ich meine schwachen Seiten habe, umgibst du mich, und wo ich dich ganz besonders nötig habe, dort »hältst du deine Hand über mir«.

Ein Stichwort, das in unser Leben einsinken will. Es soll nicht nur da oben im Kopf uns heute treffen, einfach als ein Satz, sondern vom Kopf zum Herzen wandern. Eben das tun, was es sagt: Es sticht, es trifft.

Bei Kierkegaard gibt es den schönen Satz: »Man muß im Leben darauf achten, wann das Stichwort für einen kommt.« Jedenfalls wünsche ich Ihnen, daß damit Ihr Tag ein anderes Gesicht bekommt. Wie sollte das auch nicht geschehen, wenn dies doch die eigentliche Wahrheit unseres Lebens ist: »Von allen Seiten umgibst du mich und hältst deine Hand über mir.«

Mein Gott, welch ein Morgen!

Es gibt den schönen Satz, daß der »Morgen der Kopf des Tages« ist, das heißt, daß er vieles von dem, was heute noch passiert, bestimmt. Wenn Sie hinausschauen, werden Sie merken, wie schön der Tag sich für Sie zurechtgeputzt hat. Geradezu ein vielversprechender Morgen. Und wenn wir nicht ganz grimmig sind und ganz verschlossen, dann kann einem das Herz dabei aufgehen und das dankbare Staunen entstehen, mit dem man diesen Tag begrüßt.

Morgen – das ist doch wie ein großes weißes Blatt Papier, in das man nun Zeile um Zeile einträgt.

Morgen – das ist wie ein blankgeputztes Fenster. Alles Trübe ist weggewischt, und man schaut wieder durch. Und das im mehrfachen Sinn dieses Wortes.

Morgen – das ist die Chance, einen neuen Anfang zu machen mit sich selbst, mit anderen, mit Gott.

Was ihn angeht, so will seine Barmherzigkeit alle Morgen neu sein, also heute auch. Auch für Sie. Es ist sein Herz, das Gott uns öffnet und das besonders denen zugetan ist, die das Gefühl haben, das dunkle Gestern mit dem, was ungeordnet geblieben ist, reiche mit seinen Nachtschatten bis in diesen Morgen hinein. Aber in einem Psalm heißt es: »Den Abend lang währet das Weinen, aber des Morgens ist Freude« (Psalm 30,6)

Ein Morgen! Welche Chancen heute! Welche

Möglichkeiten, das Leben wirklich zu leben und Gottes Freundlichkeit zu erfahren und zu verbreiten!

Freilich, mancher, der heute die Nachrichten gehört hat, sagt sich: Meine Güte! So viel, was da wieder passiert ist. Und mancher, der in einer Situation lebt, die ihn einzwängt, fragt: Ja, und ich an diesem Morgen?

Martin Luther King hat einmal gesagt: »Gott kann Wege aus der Ausweglosigkeit weisen. Er will das dunkle Gestern in einen hellen Morgen verwandeln, zuletzt in den leuchtenden Morgen der Ewigkeit!« Dies ist nicht eine Flucht nach vorn. Es ist ein Sichöffnen nach vorn, damit von dort Licht einfließt, Zukunft und Vertrauen in das Heute, so daß man beten kann, wenn dieser Tag heute besonders hell beginnt, aber auch wenn wir krank sind:

»Mein Gott, welch ein Morgen! Du hast ihn mir anvertraut, daß ich etwas daraus mache. Ich bitte dich, laß diesen Tag zu einer Gelegenheit werden für neue Worte und neue Taten. Und mach, daß dieser Morgen vertreibt, was an mir der Nacht gleicht.«

Ich befehle Sie mit allem, was Sie sind und haben, in Gottes Schutz und Frieden und wünsche Ihnen einen guten Morgen und einen hellen Tag!

Rezept aus einem alten Kalender

Wenn man auf ein neues Jahr oder einen neuen Lebensabschnitt zugeht, dann kann man vielleicht ein Rezept aus einem alten Kalender verwenden, in dem gesagt wird, was man sich vornehmen soll:

»Man nehme ... zwölf gut ausgereifte Monate und beachte, daß sie vollkommen sauber sind und frei von jeglicher Erinnerung an Bitterkeit, Groll, Rachsucht, Neid und Eifersucht. Man entferne jede Spur von Kleinlichkeit und Niedrigkeit – mit anderen Worten: alles, was mit unangenehmen Dingen der Vergangenheit zusammenhängt. Diese zwölf Monate müssen also so frisch und sauber sein, wie sie aus der ›Werkstatt Zeit‹ hervorgegangen sind. Man zerlege sodann jeden Monat in dreißig oder einunddreißig Tage, damit der Vorrat gerade für ein Jahr ausreicht. Man richte ihn nicht alle Tage gleichzeitig an, sondern beschäftige sich jedesmal mit einem einzigen Tag. Und damit diese Tage die besten unseres Lebens werden, beachte man sorgfältig die nachfolgende Anweisung:

Für jeden Tag nehme man soundsoviele Teile Entschlossenheit, Mut, Ehrenhaftigkeit, Geduld, Arbeit, Vertrauen, Gebet, Bescheidenheit, Ruhe, Überlegung, und nun füge man dem Ganzen einen Löffel Schwungkraft und Frohsinn hinzu, einen kleinen Löffel Takt, eine gute Dosis Nachsicht und aufrichtige Herzlichkeit. Sodann übergieße man das Ganze mit Liebe und rühre es kräftig um. Man schmücke alsdann alles mit einem Sträußchen kleiner Aufmerksamkeiten und trage es mit Heiterkeit auf den Tisch!«

Ja, wenn man das so könnte!

Es gibt ein Wort in der Bibel, da heißt es anders: »Meine Zeit, Gott, steht in deinen Händen« (Psalm 31,16). Er hat sie in den Händen, und er gibt sie uns, Tag um Tag. Er wird das so tun, daß wir dabei erfahren sollen, wie wir behütete und geleitete und bewahrte Menschen sind. Denn: »Er hat seinen Engeln befohlen über dir, daß sie dich auf den Händen tragen« (Psalm 91,11).

Und wenn man das weiß, daß dieser Tag zu jenen gehört, die nicht einfach vertriebene Zeit sind, sondern Zeit, die aus Gottes Händen uns dargereicht wird, und Zeit, aus der wir etwas machen können,

Zeit, in der uns auch jemand erwartet, nämlich er selbst, vielleicht ist das dann doch nicht ganz so schwer an diesem Tag.

Und vielleicht lassen Sie sich anstecken von der Freude eines Kindes, das so betet:

»Ich bin manchmal richtig glücklich, lieber Gott,
daß ich dich kenne.
Dann träume ich davon,
du würdest bei uns wohnen,
und ich könnte dich sehen.
Dann würde ich auf die Straße rennen,
hinter dir her springen
und tanzen und singen.
Alle Menschen, die traurig sind,
würden dann wieder lachen.
Alle Kranken würden gesund,
die Soldaten verließen ihre Panzer
und bauten die zerschossenen Häuser wieder auf.
Dann brauchte niemand mehr zu hungern.
Das wäre ein herrliches Leben
zusammen mit dir.«

Das Glück in uns

»Der Mensch ist zum Glück geboren, wie der Vogel zum Flug«, habe ich einmal gelesen. Aber es ist, als wäre uns das verlorengegangen, und nun suchen und suchen wir nach dem Geheimnis des Glücks.

Wenn man wüßte, wie man da herankommt – was würden wir nicht alles dafür tun? Vieles von dem, was wir überlegen, wobei wir uns anstrengen, was uns unruhig und geradezu hektisch sein läßt, entspringt doch der Suche nach dem Glück. Wenn wir wüßten, wie man es erreicht, wir hätten den Schatz unseres Lebens gefunden. Aber vielleicht ist es nicht weit weg, nicht irgendwo hinter den Bergen in einem fremden Land und nicht in irgendeiner Karriere, sondern nahe, ganz nahe, so wie das eine alte jüdische chassidische Weisheit sagt: »Unterm Herd unseres Hauses ist unser Schatz vergraben.«

So nahe also, so zum Zugreifen. Ist das nicht der Ort, den wir oft genug am meisten aussparen, die Mitte unseres Hauses, die Familie, das, was uns da verbindet? Oder auch, was wir als einzelne in unserem Haus als Atmosphäre und Lebensgrund haben? Unterm Herd unseres Hauses ist unser Schatz vergraben! Mir fällt dazu eine kleine Geschichte ein:

Da war einem Juden mit Namen Eisik im Traum befohlen worden, in Prag unter der Brücke, die zum Königsschloß führt, nach einem Schatz zu suchen. Als der Traum zum dritten Mal wiederkehrte, machte er sich auf und wanderte nach Prag. Aber an der Brücke standen Tag und Nacht Wachtposten, und er getraute sich nicht, dort zu graben. Doch jeden Morgen ging er an die Brücke und ging dort herum, unruhig, und schaute sich da um. Endlich fragte ihn der Hauptmann der Wache, der auf ihn aufmerksam geworden war: »Suchst du hier etwas, oder wartest du hier auf jemanden?« Und Eisik erzählte, welcher Traum ihn aus fernem Land hierhergeführt hatte. Der Hauptmann lachte: »Und da bist du armer Kerl mit deinen zerfetzten Sohlen einem Traum zu Gefallen hierhergepilgert? Ja, wer den Träumen traut ... Da hätte ich mich ja auch auf die Beine machen müssen, als es mir einmal im Traum befohlen wurde, nach Krakau zu wandern und in der Stube eines Juden, Eisik sollte er heißen, nach einem Schatz zu graben. Nein, wer den Träumen traut ...« Und er lachte wieder. Eisik, der Jude, verneigte sich, ging heim und grub den Schatz aus. Unterm Herd unseres Hauses ist unser Schatz vergraben.

Manchmal muß man Umwege machen. Oft begreift man lange nicht, daß das Glück nicht draußen ist und drüben und weder bei jenem Erfolgreichen noch durch diesen zu erfüllenden Wunsch zu erhaschen – bis man dahinterkommt: Ganz dicht dabei, da, wo wir sind, ist es zu suchen und zu finden, das Glück. So wie es der Satz sagt: »Dort, wo Gott dich ausgesät hat, sollst du blühen, dort, wo Gott dir Zeit und Mitmenschen, Beruf und Leben anvertraut hat, dort sollst du den Schatz, das Geheimnis des Glücks, heben und gebrauchen.«

Ich wünsche Ihnen, daß Gott Ihnen das Geheimnis Ihres Lebens heute aufschließt, das Geheimnis, wie man ein glücklicher Mensch ist. Und daß Sie nach der Weise: »Glücklich ist der Mensch, der sich aus den Blumen, die um ihn herum wachsen, einen Strauß binden kann«, den heutigen Tag begehen, in dem, was gegeben ist, und da, wo Sie sind.

Er trägt dich hoch

»Dies ist der Tag, den der Herr macht. Laßt uns freuen und fröhlich darin sein!« (Psalm 118,24).

Manchmal muß man ja noch zusätzlich ein wenig gestupft werden, damit man nicht vergißt, um was für einen Tag es sich handelt. Aber wenn wir nicht so gestimmt sind? Wenn lauter Moll-Töne unser Leben durchziehen und Dissonanzen, die alles andere als Freude enthalten?

Da hat es Ärger gegeben – und schon ist die ganze Stimmung dahin. Man hat sich etwas vorgenommen, die Familie spielt nicht mit – und der Tag scheint einzutrüben. Man hat sich soviel vorgenommen – und die Kinder fordern ihr gutes Recht, einmal die Zeit von Vater und Mutter ausführlich in Anspruch nehmen zu können. Das sind lauter kleine, alltägliche Mißhelligkeiten, sie sind noch zu verkraften.

Manchen drückt es ganz woanders. Er ist bekümmert, ängstlich, traurig, einsam, ein Mensch, der gerne mit jemandem reden möchte, aber da ist niemand. Ich denke an jemanden, der kürzlich bei einer der großen Entführungen, die in unserem Land in der letzten Zeit passiert sind, lange ganz alleine in einer Kiste zubringen mußte. Als er dann, nachdem er befreit worden war, gefragt wurde, was er getan habe, antwortete er: »Ich habe gebetet!« Nun ist Beten freilich so ein Thema geworden, mit dem mancher sich nur noch ganz heimlich beschäftigt. Man möchte nicht so gern damit herausrücken, wie man es damit hält.

So haben sich auch kürzlich ein paar junge Menschen zu einem Gesprächsabend über das Gebet getroffen. Lange Zeit saßen sie ein wenig zurückhaltend und skeptisch da, niemand wollte den Anfang machen. Da hatte einer eine gute Idee. Er ließ alle Teilnehmer ohne Namensangabe auf einen Zettel schreiben, ob sie beten und ob sie das regelmäßig oder nur ab und zu tun. Und dann kam zur großen Überraschung aller heraus, daß 90 Prozent zu beten pflegten. Jetzt dauerte es nicht lange, und man war in einem sehr offenen Gespräch über ein Thema, für das man vorher keinen Anfang fand. Über Schwierigkeiten wurde gesprochen, aber auch über eigene Versuche.

Ich kenne aus meiner Rundfunkarbeit Menschen, die sich weit von der Kirche gelöst haben. Aber unter vier Augen geben sie oft geradezu verschämt zu: »Ich bete auch!« Und ich denke an einen Satz von Jean Cocteau, der äußerte: »Ich glaube, daß eine wohlgeordnete Seele nicht ohne Gebet sein kann! Der SOS-Ruf an das, was ist, ohne Anfang und Ende, scheint mir ein unentbehrlicher Appell und eine Art des Revoltierens gegen die naive Torheit des Materialismus zu sein.«

Beten – also doch mehr unter uns lebendig als man meint, und für viele andere immer noch und wieder ein Problem. Man entschuldigt seine Unfähigkeit damit, daß es die anderen ja auch nicht können. Und es wird behauptet: So etwas ist vorbei. Das geht in unserer heutigen Welt nicht mehr.

Aber sind tatsächlich alle Menschen, die noch beten, naiv, von gestern, verklemmt, neurotisch, unbrauchbar für die Gegenwart – und was der Äußerungen darüber mehr sind?

Manche Kritiker sind nicht pingelig mit ihren Anmerkungen gegenüber dem Beten. Sie behaupten: Es hindert den Menschen, sich der Wirklichkeit zu stellen. Oder: Es entläßt ihn aus der Verantwortung. Oder: Beten hilft dem Menschen, sich von anderen Menschen und ihren Problemen abzukapseln. Oder: Es verführt zur ständigen Betrachtung des eigenen Ich. Oder: Es erzeugt das Gefühl der Bevorzugung gegenüber anderen nach der Methode, sich selber retten und für andere beten. Vorwürfe genug.

Aber zugleich erfahren viele Menschen die Gebetslosigkeit unserer Zeit auch als einen Ausdruck fundamentaler kosmischer Einsamkeit. Reinhold Schneider hat diese Fragestellung einmal in einem Gebet aufgenommen:

»Laß uns tief unten auf der Erde die Probe unseres Lebens bestehen. Du wohnst in dem Himmel. Dein Wesen ändert sich nicht. Hier unten aber verwandelt sich alles. Geliebte Vermächtnisse vergangener Zeiten werden zerstört über Nacht. Die Freunde werden uns entrissen, und unversehens bricht in das letzte Tal des Friedens grenzenlose Verwirrung herein. Die Mächte der Tiefe erheben sich gegen uns und nehmen fast alle Bezirke des Lebens in Besitz. Trugbilder der Wahrheit, des Rechtes schweifen umher und ziehen uns vom Recht und von der Wahrheit fort. Haß verfälscht das Wesen der Menschen. Keiner erkennt mehr sein Spiegelbild in der Seele des anderen. Und so versteht auch keiner das Wort des Bruders mehr.

Die Erde meint, sich gegen den Himmel erheben und ihre eigene Ordnung schaffen zu können.

So werden die Beziehungen zwischen allen Wesen und Ordnungen verrückt. Es ist keine Kraft mehr da, die sie von oben trägt. Und die Dinge der Erde suchen sie an sich selbst zu befestigen und stürzen immer tiefer. Die Welt ist uns fremd geworden. Aber wir sind deine Kinder in dieser fremden Welt und wollen uns als solche bewähren. Alles steht bei dir.«

Wir sind doch Gottes Kinder in dieser fremden Welt! Nur haben wir uns zu sehr ohne ihn eingerichtet und sind darum oft erschrocken über unsere Einsamkeit im All. Dabei sind wir alle eingeladen, mitzutun, wie Jesus uns einlädt zu beten: »Vater unser ...« Und das heißt doch mit anderen Worten: »Ich glaube dir, Gott, ich vertraue deiner Liebe. Nichts möchte ich auslassen von dem, was die Enge und Weite meines Lebens angeht. Da hat alles Platz. Die Freunde neben mir und die, mit denen ich nicht kann; das Schöne und das Bittere.«

Wer so vertrauensvoll betet, der wird das nicht zuerst tun, weil er einem religiösen Anspruch folgt, sondern weil dieses Beten selbstverständlicher Ausdruck seiner Lebensbeziehung zu Gott ist, ob mit einem erfüllten oder auch leeren Herzen. Die Hauptsache ist, daß unser wirkliches Leben in diesem Reden mit ihm vorkommt. So, wie es die Bitten des Vaterunsers umschreiben: der Himmel und die Erde, das Brot und die Schuld, die Versuchung und das Böse.

Manchmal denke ich, es müßte so in unserem Beten zugehen, so selbstverständlich, so unbefangen, wie wir das in den Filmen mit Don Camillo und Peppone erleben. Geradezu unablässig, wo er geht und steht, ist Don Camillo im Gespräch mit Gott. Und das macht er so natürlich und ohne Umstände, als ob es das Selbstverständlichste von der Welt wäre. Dieses Reden mit ihm ist gar nicht ein Mittel, um etwas zu erreichen, sondern der Ort einer letzten Freiheit, wo man sogar widersprechen kann. Dieses Reden mit ihm, dieser freie Dialog macht es möglich, vorurteilslos auf eine Stimme zu hören, die nicht die eigene ist. Und der Raum des Gebets, der freieste, den es gibt, bewährt seine Freiheit darin, daß der Beter sich einem Anspruch stellen kann. So beten ist im Grunde eine Art zu leben, zu warten, sich offenzuhalten, ist Ausdruck dafür, daß man nicht besitzt, sondern bittet. Daß man nicht lebt von dem, was man hat, sondern von dem, was noch werden kann, von der Hoffnung, daß es auch anders sein kann, als es jetzt ist.

Ich weiß, daß mancher einwendet: »Wissen Sie, wenn ich bete, dann ist es, als spräche ich in einen leeren Raum.« Das kann eine bittere Erfahrung sein. Man möchte beten, und dann ist es, als würden die Worte nur bis zur Decke reichen und wieder schwer auf einen zurückfallen. Manche haben ja darum aufgehört und resigniert. »Ich kann es nicht, leer wie ich bin, ausgebrannt, verarmt.«

Geben wir auf, weil wir die Armut, die leeren Hände, die absolute Abhängigkeit nicht ertragen? Warum sollten wir das nicht beim Namen nennen, wie es um uns steht? »Wir wissen nicht, was wir beten sollen«, hat der Apostel Paulus einmal im Römerbrief geschrieben, »wie sich's gebührt« (Römer 8,26). Ja, so ist das auch. Es kann einem die Sprache verschlagen angesichts dessen, mit dem wir hier reden. Und man erschrickt vor der Frage: Wie komme ich eigentlich dazu, Gott anzureden? Im Grunde genommen ist das doch unmöglich. Wer bin ich denn, und wer ist er? Aber noch einmal: Nennen wir das doch beim Namen, sagen wir: »Tatsächlich, es ist so, wir wissen nicht, was wir beten sollen, wie sich's gebührt.«

Darum kann man bitten: »Laß uns doch wagen, o Gott, schon dann zu dir zu beten, wenn unser Gebet fast nur so etwas wie ein ungeformter Hilferuf ist; wenn wir dich nur bruchstückhaft erkennen und unsere Schuld uns den Mut nimmt, dich anzuschauen.« Wer sich dort vorfindet, wird erfahren, daß Gott selbst sich unserer Schwachheit annimmt, uns herauslockt, uns auf einen Weg bringt, wo man ganz unbefangen und offen sagt: »Du, unser Vater!«

Oder, um ein anderes Bild zu wählen – Heinrich Böll hat es einmal verwendet –: »Es ist mit dem Beten, als wenn du vor einem Aufzug stehst und Angst hast aufzuspringen. Du mußt immer wieder ansetzen, aber dann auf einmal bist du im Aufzug drin, und er trägt dich hoch ...«

Wer trägt uns hoch? Der, der uns einlädt, so zu beten: »Unser Vater im Himmel.« Jesus, der uns begleitet auf diesem Weg, auf dieser Reise durch das Leben. Er trägt uns durch und bringt uns bis dorthin, wo es heißt: » ... denn dein ist das Reich und die Kraft und die Herrlichkeit, in Ewigkeit, Amen.« Also bis dorthin, wo man alles von ihm erwartet, diesem Vater im Himmel. Wie weit wird uns der Himmel aufgetan: »Dein ist das Reich!«

Von einem großen Lehrer wird erzählt, daß er auf dem Sterbebett und in den letzten Tagen seines Lebens immer wieder einen Satz gesagt habe: »Es wird regiert.«

Wir meinen, unter allen möglichen Ansprüchen zugrunde zu gehen und allen möglichen Herrschaften und Zwängen unterworfen zu bleiben – aber: »Dein ist das Reich.« Du behältst das letzte Wort, das entscheidende, »angesichts dessen«, wie Luther einmal sagt, »uns die Federn wachsen, bis wir fliegen können«. So überlegen und so gewiß, so leicht auch.

Und dann: »Dein ist die Kraft.« Kraft in der Gestalt von Gewalt und sich durchsetzender Brutalität – das ist uns alle Tage vor Augen. Und was aus den Kräften wird, die in den stillen Laboratorien der Wissenschaft erzeugt werden, macht uns manchmal Angst. Aber nun zu beten: »Dein ist die Kraft«, heißt doch: anrufen und lobpreisen, was uns erneuern kann. Und wo einer am Boden liegt und keine Kraft mehr hat – und wie viele werden auch diesen Tag so zubringen müssen –, der wird sich einhängen bei dem Satz, daß seine »Kraft in den Schwachen mächtig ist«.

Darum: Dein ist die Kraft. Sie gehört dir, o Gott, und du gibst sie uns doch auf eine Weise, daß wir wieder anfangen können zu hoffen, zu lieben, freundlich zu sein. Und dann: »Dein ist die Herrlichkeit in Ewigkeit.« Wenn man dem Wort etwas nachsinnt, dann spricht es von dem Licht, von dem Hellen und Strahlenden, das von Gott auf uns kommt, so daß der Apostel Paulus schreibt: »Wir alle spiegeln mit aufgedecktem Angesicht die Herrlichkeit des Herrn wider« (2. Korinther 3,18). Die Herrlichkeit Gottes geht auf uns über. Sie ist nicht wie die Sonne, die immer wieder untergeht, sondern »Herrlichkeit in Ewigkeit«! Darum sind wir eingeladen mitzusprechen: »Wir sehen seine Herrlichkeit, eine Herrlichkeit, wie sie der einzige Sohn von seinem Vater hat, voll Gnade und Wahrheit« (Johannes 1,14). In Christus ist der hereingekommen in unsere Welt, mit dem es zu tagen begonnen hat unter den Sternen.

Und dann schließt das Gebet Jesu, zu dem er uns einlädt, mit dem kleinen Wort »Amen«. Das ist nicht einfach der Schlußpunkt oder so etwas Ähnliches, sondern da wird Vertrauen bekräftigt: Ja, so ist es. Das gilt! Es ist wahr! Das stimmt!

Es stimmt, du bist unser Vater. Es stimmt, du vergibst Schuld. Es stimmt, du reichst uns das Tägliche zum Leben. Es stimmt, du führst uns nicht in Versuchung. Es stimmt, du erlöst uns von dem Bösen.

»Amen«, so sagt der Heidelberger Katechismus, »das ist wahr und gewiß, denn mein Gebet ist viel gewisser von Gott erhört, als ich in meinem Herzen fühle.«

Und wie ist das dann mit der Erhörung unserer Gebete? Martin Buber hat dazu in seinen chassidischen Geschichten kommentiert:

»In der Gemeinde Rabbi Levi Jizchaks war ein Vorbeter heiser geworden. Der Rabbi fragte ihn: Wie kommt es, daß Ihr heiser seid? Das ist, antwortete er, weil ich vor dem Pult gebetet habe. – Ganz recht, sagte der Rabbi, wenn man vor dem Pult betet, wird man heiser, aber wenn man vor dem lebendigen Gott betet, wird man nicht heiser.«

Beten vor dem Pult, davon wird man heiser, müde, kraftlos. Beten vor dem Pult – aus Gewohnheit, wo es nur noch eine Pflichtübung ist, bei der zwar die Formeln uns mühelos über die Lippen, aber die Worte nicht mehr aus dem Herzen kommen. Es stimmt zwar: »Formeln sind etwas Köstliches, aber wenn das Herz durch sie gestimmt ist, müssen sie weichen« (Oetinger). Aber nun das andere: Beten vor dem lebendigen Gott. Da wird es ein Nehmen und Geben, ein Hören und Antworten. Eben so, wie das in einer alten Geschichte beispielhaft für die Situation des Menschen vor Gott erzählt wird:

Gott sprach zu Salomo: »Bitte, was ich dir geben soll.« Salomo antwortete: »So wollest du mir geben ein gehorsames Herz« (1. Könige 3, 9).

Welch eine Bitte! Hätten wir auch so reagiert bei der Chance: »Bitte, was ich dir geben soll!«?

Aber wer betet, kennt eben sein Maß. Weil es so ist, darum bittet Salomo nicht um die Vielfalt der Dinge, sondern um ein gewandeltes Herz. Also um die Kraft, durch die alles sich zum Guten wendet, in uns und um uns herum. Denn die anderen sollten es doch merken, von woher wir kommen. Sie sollten doch spüren, daß wir mit Vertrauen und Gelassenheit denen begegnen können, die um uns sind. Ich denke an einen bemerkenswerten Satz, den Max Horkheimer geprägt hat: »Es ist leichter, denen zu vertrauen, die vertrauen!«

Brief an sich selbst

Manchmal, wenn man heute einen Kursus mitmacht – sagen wir zum besseren Verständnis seiner eigenen Situation oder auch, um sich bestimmte Lebenszusammenhänge bewußter zu machen –, gibt es ein kleines Spiel. Im Grunde ist es mehr als ein Spiel. Die Aufgabe dabei ist, sich selbst einen Brief zu schreiben, in dem man alles aufzählt, was einen zur Zeit beschäftigt, was einem Kummer macht, was einem Freude bereitet, oder auch mit welchem Menschen man zur Zeit auf dem Weg ist. Diesen Brief – wie gesagt, an sich selbst geschrieben – soll man dann in acht Wochen öffnen und vergleichen, was sich inzwischen daraus entwickelt hat.

Erstaunlich, was dabei manchmal herauskommt!

Wieviel Veränderungen sich ergeben haben und wie das mit den Personen ist, die uns vor acht Wochen beschäftigt haben. Wieviel sich von allein erledigt und wie manche Verhältnisse sich im Laufe der Zeit eben nun doch günstiger herausgestellt haben. Ein kleines Spiel mit einer tiefen Absicht.

Und wie ist das, wenn wir das einmal auf eine ganz andere Weise spielen, dieses Spiel? Und uns dabei in eine sogar ziemlich ernste Situation hineinbegeben? In die, wo es um die letzte Zeit unseres Lebens geht. Können Sie sich vorstellen, sich selbst einen Brief zu schreiben, der etwa die Überschrift trägt: »Brief an mich für die Stunde, deren Zeitpunkt ich nicht kenne, von der ich aber weiß, daß sie todsicher kommt.« Was müßte da alles drinstehen?

Etwa dies: Hoffentlich bist du dann ein Mensch, der im Glauben an Christus steht, und jemand, der von der Auferstehung Jesu her sich zu einer lebendigen Hoffnung wachgemacht sieht. Oder wirst du noch Zeit haben, Gelegenheit, dankbar zu sein für alles, was war? Wirst du noch ein paar Menschen um dich haben, die dich begleiten und die dich nicht abschieben? – Wirst du mit dir im reinen sein, daß du weißt, wohin die Reise geht, und fähig und bereit bist, loszulassen?

Vielleicht haben wir jetzt noch zu wenig Phantasie, wie es dann wirklich sein wird. Und es kann auch sein, daß wir meinen: Von der Zeit bin ich so weit weg, das eilt noch nicht. – Oder wir mögen dieses Thema überhaupt nicht. Sich einen Brief schreiben und dabei das Letzte jetzt schon so deutlich und so genau ansprechen – lieber nicht.

Nun kenne ich jemanden, der sich solch einen Brief geschrieben hat. Sie kennen ihn auch. Es ist mein Vorgänger in den ZDF-Sendungen, Pfarrer Adolf Sommerauer. Und weil mir das so einleuchtet, was er geschrieben hat, möchte ich das einmal mitteilen:

»1. Wenn du, auf welchem Weg auch immer, die Wahrheit – Wirklichkeit – erfährst« (er meint damit jene letzte Wahrheit, daß es jetzt auf das Allerletzte zugeht), »dann such dir einen Winkel, wo du ungestört weinen, denken und mit Gott reden kannst. Letzteres auch dann, wenn du fürchtest, ganz und gar verlassen zu sein.

2. Wenn dir eine kleine Hoffnung gelassen wird, dann verachte nicht diese kleine Hoffnung und mach aus ihr kein mutwilliges Todesurteil. Sei nicht klüger als Gott.

3. Wenn es aber doch nach menschlicher Voraussicht soweit ist, dann wirst du mit den Menschen, die du liebst und die dich lieben, sprechen müssen. Am besten zu einer Zeit, wo dich die Schmerzen noch einigermaßen klar denken lassen.

4. Du mußt dir dein Kreuz nicht zusätzlich noch schwer machen, indem du es heroisch zu tragen unternimmst. Das Kreuz Jesu war jenseits von einem solchen Geltungsbedürfnis, dein Kreuz darf es auch sein.

5. In der Zeit, die dir noch bleibt und soweit du es noch kannst, solltest du dein Leben dankbar und aufmerksam genießen und vielleicht zum Schluß etwas lernen, was du eigentlich viel früher hättest lernen sollen, wofür es aber einige Zeit vor dem Tod noch nicht zu spät ist.«

Also ein Brief an sich selbst, für jene allerletzte Zeit. Sicher nicht jedermanns Sache, aber wer ist »jedermann«? Vielleicht könnten wir wenigstens einmal überlegen: Was müßte da alles drinstehen? Mir fällt dazu ein Bibeltext ein: »Es ist noch nicht offenbar geworden, was wir sein werden. Wir wissen aber: wenn es offenbar wird, werden wir Ihm gleich sein; denn wir werden Ihn sehen, wie Er ist« (1. Johannes 3,2).

Heraus aus den alten Gleisen!

Ich singe dir mit Herz und Mund,
Herr, meines Herzens Lust;
ich sing und mach auf Erden kund,
was mir von dir bewußt.

Was sind wir doch? Was haben wir
auf dieser ganzen Erd,
das uns, o Vater, nicht von dir
allein gegeben werd?

Paul Gerhardt

Unsere Hände – geballt oder gelöst?

In einer alten jüdischen Schriftauslegung heißt es: »Wenn der Mensch geboren wird, hat er die Hände zusammengeballt, so, als wollte er sagen: Ich erobere die Welt. Wenn er stirbt, sind seine Hände ausgestreckt, als wollten sie sagen: Ich habe nichts zurückbehalten, alles gehört dir, o Gott!«

Ist es nicht so, daß sich zwischen diesen beiden beschriebenen Ausdrucksweisen unser Leben abspielt: zupacken, erobern – und loslassen? Dabei geht es ja nicht nur um den Anfang und das Ende. Es ist fast so etwas wie die Beschreibung unseres Lebens. Natürlich, die Akzente sind verschieden.

Wer so einen kleinen Kerl herumkrabbeln hat, der weiß, wie nichts vor ihm sicher ist. Da wird erobert, noch und noch; Schubladen werden herausgezogen, Tischdecken werden in Bewegung gesetzt, Spielautos auseinandergenommen – alles wird erforscht. Und schlimm für das Kind, wenn wir hier anfangen, zu früh Grenzen zu ziehen.

Denn das gehört doch zu uns: Welt in der Nähe und in der Ferne zu erobern, auch in den Jahren der Ausbildung, in Beruf und Familie. Immer wieder sind wir dabei, uns Kenntnisse, Fähigkeiten anzueignen, damit wir das Leben gestalten können. Wenn diese Kraft, die uns in Bewegung hält, verkümmert, ist mit uns auch nicht mehr viel los. Das Leben wird langweilig, grau und müde.

Aber nicht nur das Zupacken will ja gelernt sein, das Ergreifen, das Anfassen und Betasten. Auch das andere: das Loslassen. Auch das fängt ja im Grunde früh an. Das Kind, das laufen lernen will und bisher an der Hand der Mutter geübt hat, muß loslassen, damit es auf eigenen Füßen vorankommt. Und die Mutter? Auch sie muß loslassen, wenn sie das Kind liebt. Auch wenn sie noch so oft sozusagen mit der Hand »nachfassen« möchte, weil sie nicht sicher ist, ob es wirklich auf eigenen Füßen gehen kann. Bleibt es nicht so im Leben?

Wie oft möchten wir Eltern schnell noch einmal zupacken, mitten im Ablösungsprozeß unserer jungen Leute, bei beruflichen Entscheidungen, bei der Wahl des Freundes oder der Freundin. Dabei sollten wir uns doch langsam darauf einstellen, daß wir nun selbst in die Jahre kommen, an deren Ende unsere Hände offen und gelöst sein sollen. Die eine Generation nimmt Lebensmöglichkeiten in die Hand, die andere ist dabei, sie aus der Hand zu geben. Weil das oft schwerfällt, muß man früh üben, die Hände zu öffnen, und nicht erst darauf warten, bis einem alles aus der Hand geschlagen wird.

Paul Tournier hat einmal an den Trapezkünstler unter der Zirkuskuppel erinnert: Er muß im richtigen Moment loslassen, wird einen Augenblick im Leeren schweben, bevor er das andere Trapez erreicht. Dort, wo einer im Leeren schwebt, ist das Leben oft am schwersten. Doch es ist uns gesagt: Du kannst loslassen, denn du wirst wieder aufgefangen. Wir sollen vertrauen, immer wieder loslassen, denn wir finden wieder, was uns auffängt. Das Geheimnis dieses Vertrauens steht im Psalm 73,23: »Ich bleibe ja stets an dir, denn du hältst mich an meiner rechten Hand.«

Entscheidungen

Es gibt nicht wenige, die haben Angst vor Entscheidungen. Da ist etwas, das sie bremst und hindert, ihr Leben auszumessen. Dabei sind alle Gaben und Voraussetzungen da, und niemand versteht so recht ihr Zögern, am wenigsten sie selbst. Und trotz dem wagen sie sich nicht so richtig hinaus. Hängt das damit zusammen, daß die Risiken zu groß sind heutzutage? So daß man sich am Schluß eben sagt: »Das schaffst du nie, das hat gar keinen Zweck. Da fange ich doch lieber erst gar nicht an.«

Oder hängt unsere geringe Entscheidungsbereitschaft damit zusammen, daß wir Angst haben vor Veränderungen? Es stimmt ja wohl: Veränderung bedeutet immer, daß wir irgendwo anders rauskommen, und das ist nicht nur eine Frage des Ortes, sondern auch eine Frage der Person: Wir selbst ändern uns in solch einem Prozeß – und doch werden wir nicht leben können, ohne in dieser Weise unterwegs zu bleiben.

Wie ist es mit Ihrer Entscheidungsfreiheit und Ihrer Freude daran, heute? Mit einer Bewerbung zum Beispiel oder mit einer Entscheidung für einen Menschen oder für eine Schule oder für eine Art von Ausbildung, die vielleicht etwas ungewohnt ist, aber mit der Sie immer wieder ein bißchen geliebäugelt haben? Ich denke an zwei Bilder, die mir hier etwas bedeuten. Da hat jemand, den ich kenne, eine Schildkröte auf seinem Schreibtisch stehen. Auf die Frage warum? antwortet er: »Wenn eine Schildkröte vorwärtsgehen will, muß sie ihren Kopf unter dem Panzer vorstrecken.« – Darum geht's, daß man, wenn man sich vorwärtsbewegen will, seinen Kopf unter dem Panzer vorstreckt. Das heißt, daß man sich selber ein wenig vergißt, herausschaut aus dem Gehäuse und über manches hinwegsieht, was zum gewohnten Gehäuse dazugehört.

Und das zweite Bild: Von einem großen Franzosen weiß man, daß er die Fotografie eines sonderbaren Floßes auf seinem Schreibtisch hat. Es ist »Kon-Tiki« (Thor Heyerdal überquerte damit den Atlantik). Vielleicht braucht man oft solche äußeren, anregenden Bilder, die einem sehr viel mehr sagen, als Worte das tun können. Das Bild von dem »Kon-Tiki«-Floß erzählt: Da sind ein paar Männer, die haben eine Richtung gewählt mit diesem Floß; dann sind sie losgefahren. Und sie wußten, daß sie nicht umkehren konnten. Welche Schwierigkeiten auch auftreten mochten, sie hatten nur eine Möglichkeit: unaufhörlich weiterzufahren.

Diese beiden Bilder können Ihnen heute helfen, einmal Ihre Entscheidungen in Bewegung zu halten, eine neue anzugehen oder eine begonnene durchzuhalten.

Jesus hat von der allerwichtigsten Entscheidung einmal gesagt: »Wer die Hand an den Pflug legt und sieht zurück, der ist nicht geschickt zum Reich Gottes!« (Lukas 9, 62).

Also auch da, wo ein Mensch sich für Gott entscheidet und damit für den Lebensgrund, aus dem er lebt, und für das Lebensziel, auf das hin er hofft, gilt das Herausschauen und dann das unaufhörliche Weiterfahren.

Ein neues Lied

Der Gesang der Vögel am frühen Morgen ist immer wieder eine Überraschung. Man spricht ja sogar von einer Vogeluhr, weil die verschiedenen Arten so ziemlich genau zur gleichen Stunde beginnen. Wir haben auch jeden Morgen so einen kleinen Sänger vor dem Schlafzimmerfenster, der dort sozusagen seinen »Stammbaum« hat. Ganz unbekümmert, mit unverwechselbarer Stimme flötet er seine Tonfolge. Es ist sein Ton, den er durchhält. Er läßt sich von niemandem drausbringen, weder von den erwachenden Geräuschen der Großstadt noch von den anderen gefiederten Mitgeschöpfen. Schon manches Mal dachte ich: Eigentlich kann man von diesen kleinen Vögeln lernen, daß der Mensch auch seine Stimme so originell und unverwechselbar zu Gehör bringt. Denn jeder unter uns hat doch da seinen eigenen Ton. Freilich, bei wie vielen ist er verstummt!

Da wagen es manche nicht mehr, ihre eigene Meinung zu äußern, aus Angst, benachteiligt zu werden. Und wie oft mag mancher sagen: »Wes Brot ich eß, des Lied ich sing« – nur nicht auffallen! Und der eigene Ton? Er ist verstummt.

Hängt das damit zusammen, daß wir auf immer weniger originelle Menschen treffen? Es ist, als wären die originellen Töne vieler einzelner abgelöst worden durch Allerwelts-Melodien – angepaßt an Zeit und Gesellschaft. Aber wer nicht mehr seinen Ton findet im Leben, der wird krank, geht kaputt. Es ist so, wie das in einer kleinen Fabel eindrucksvoll erzählt wird:

»Dem Esel ging das Lied der Nachtigall auf die Nerven. Er steckte sich hinter den Wolf, und der brachte ein Verbot durch. Wenn sie wenigstens was Zeitgemäßes singen würde, hatte er erklärt, aber so ist das ohne Nutzen.

Da die Nachtigall nicht mehr singen durfte, wurde sie krank und starb. Da kam es den Tieren so vor, als ob ihnen etwas fehle. Wir konnten nicht verstehen, sagten sie, was die Nachtigall sang, aber jetzt verstehen wir es: Sie sang sich selbst, und weil sie das nicht mehr durfte, ist sie gestorben« (Gerhard Branstner).

Schon manchem ging es wie der Nachtigall. Und dann fragt er mit den Worten eines modernen Schlagers: »Wer hat mein Lied so zerstört ...«

Wer hat Ihr Lied zerstört? Den eigenen Ton abbrechen lassen? War es die Gewohnheit? Sind es die Enttäuschungen? Hat Ihnen das Leben übel mitgespielt?

Ich möchte Ihnen Mut machen, heute Ihren Ton zu finden und durchzuhalten. Denn der, der uns geschaffen hat als Original, will nicht, daß wir als Schablone enden.

Er hat unseren Lebenston abgestimmt auf die Grundmelodie, den »Cantus firmus« seiner Liebe. Wer diesen Ton aufnimmt, wird zu seiner eigenen Überzeugung finden. Er wird das tun, was zu ihm gehört. Und er wird aufhören, die falschen Töne zu spielen und zu singen, wie wir das heute genug an uns und anderen kennen.

Der eigene Ton: Gott gibt ihn uns oft ganz neu auf die Lippen und in das Herz. So, wie das der Psalm beschrieben hat: »Der Herr hat mir ein neues Lied in meinen Mund gegeben zu loben unseren Gott« (Psalm 40,4).

Arbeit und Freizeit

Fast selbstverständlich scheint der Zusammenhang zwischen beiden zu sein. Es leuchtet ein, wenn behauptet wird, daß eins das andere bedingt, daß eins aus dem anderen hervorgeht und daß ein ausgewogenes Leben daran erkannt wird, ob im Verhältnis zwischen Arbeit und Freizeit alles im Lot ist. Aber gerade dieser selbstverständliche Zusammenhang ist uns heute problematisch geworden. Schon der Sprachgebrauch weist auf einiges hin, denn das Wort »Freizeit« ist so nichtssagend wie nur etwas, bedeutet es doch nichts anderes als einfach »freie Zeit«. Vielleicht haben die, die von Arbeit und Feierabend reden konnten, mehr von dem Zusammenhang gewußt als wir heute. Feierabend, das klang nach Geborgenheit, nach Ausruhen, und es erinnert uns noch heute an Claudius, an den Mond, der über den Wäldern steht, wo die Nebel steigen – jedenfalls an etwas, zu dem wir nicht mehr unbedingt einen direkten Zugang haben.

Das Wort »Freizeit« ist nur ein schwacher Ersatz dafür. Manche sehen Freizeit nur als die Zeit an, die frei von der Arbeit ist. Das heißt: Da braucht man nichts zu tun. Alles andere spielt keine Rolle. Und das ist sehr wenig. Sieht es doch so aus, als wäre, nachdem der Tag mit Arbeit ausgefüllt war, da eine öde Strecke, die man so oder so durchwandern muß. Und es mag Leute geben, die es vielleicht nicht laut sagen, aber denken: Wie gut, daß es am nächsten Tag oder am Montag wieder geordnet weitergeht! Daß die Uhren von außen gestellt werden.

Aber ob dies das richtige Verhältnis zur Arbeit ist? Manche behaupten auch, daß unsere Arbeitswut mit unserem faustischen Drang zusammenhängt, Arbeit als ein Weg der Selbsterlösung. Und manchmal hat man den Eindruck, daß unter uns so hart gearbeitet wird, weil das ein Weg ist, auf dem man zeigen kann, wer man ist und was man gilt. Noch im Mittelalter hatte das Wort Arbeit nur die Bedeutung von Mühe, Mühsal, Not. Inzwischen hat der Begriff einige Wandlungen erfahren. Immer mehr wurden die positiven Züge der Arbeit herausgestellt. Sachliche Definitionen, wie wir sie etwa kennen, in denen die Arbeit als »die mit Anstrengung verbundene Tätigkeit des Menschen« bezeichnet wird, bei der er »auf die Gewinnung der für das Leben notwendigen Güter bedacht sein« müsse, genügten nicht. Man war vielmehr bemüht, eine höhere Sinngebung zu finden.

Die Reformatoren konnten die Arbeit noch als Gottesdienst bezeichnen, um die Ganzheit christlichen Lebens vor Gott zu betonen. Eine spätere Zeit hat dann diesen Satz verabsolutiert und damit der Vergötzung der Arbeit Vorschub geleistet. Und als dann noch der Lobpreis der Pflicht in Kants Philosophie hinzukam, ist so etwas wie ein Kult der Arbeit entstanden, der die Würde der menschlichen Existenz bedroht. Der Satz – man kann ihn in vielen Todesanzeigen lesen –: »Er kannte nur seine Pflicht!« ist genau besehen kein Lob, sondern das Eingeständnis einer grotesken Verarmung des Lebens. Arbeit ist hier zum Selbstzweck geworden, und es triumphiert eine innerweltliche Werkgerechtigkeit.

Es fehlt uns einfach die Distanz, die Unbefangenheit, mit der Arbeit so umzugehen, daß wir sie im Griff behalten und nicht in ihr aufgehen oder gar untergehen. Karl Barth schreibt einmal darüber: »Die äußere und innere Arbeit wird vom Menschen mit nicht geringerem, sondern mit größerem Ernst getan werden, wenn er sich darüber im klaren ist, daß das, was er dabei will, tut und ausrichtet, gemessen am Werk Gottes, das er damit bezeugen darf, tatsächlich nur ein Spiel sein kann, eine kindliche Nachahmung und Abbildung dessen, was als das väterliche Tun Gottes das eigentliche und wirkliche Tun und Geschehen ist.«

So entkrampft kann Arbeit verstanden werden, und so bekäme auch Freizeit ihren Sinn und Inhalt. Aber nun ist gerade die Freizeit zu einem besonderen Problem geworden. Sie stellt uns vor Entscheidungen. Der eine hockt den ganzen Abend vor einem Automaten und vertut Groschen um Groschen, und der andere legt sein Geld auf ein Sparkonto, um einen abendlichen Fortbildungskursus damit zu finanzieren. Zwei Extreme – gewiß. Aber um solche und ähnliche Entscheidungen geht es. Mancher muß sich sagen lassen: Warum hast du deine freie Zeit in den Jahren, als sie noch wirklich frei waren, so verplempert? Und es gilt doch freie Zeit auszukaufen. Aber wie macht man das?

Wir leben in einer Gesellschaft, die ein großes Angebot vor uns hinstellt, ein Angebot, von dem unsere Voreltern nicht zu träumen wagten. Freilich macht das die Entscheidungen noch schwieriger. Schon die Mutter Goethes schrieb: »Ach, es gibt so viele Freuden in unseres lieben Gottes Welt. Nur muß man sich auf das Suchen verstehen!« – Das ist es. Dabei haben wir es leicht. Alles wird vor uns hingestellt. Aber wir haben es zugleich schwer. Denn das Problem dabei ist, wie wir entscheiden. Mancher hätte gern, daß ihm diese Entscheidung abgenommen wird, also zum Beispiel, daß sich das Fernsehen auf seine abendlichen Sendezeiten beschränkt. Und weil der Entscheidungsdruck mit immer mehr Freizeit wachsen wird, gibt es Leute, die sind bemüht, einen Riegel vorzuschieben, damit ja nicht noch mehr Freizeit zugeteilt wird. Sie haben Angst um den Menschen, den sie noch nicht für mündig genug ansehen bei einem immer größeren Angebot an Zeit und immer geringerer Begabung, sich für das zu entscheiden, was ihn weiterbringt.

Jedenfalls hat sich nicht erfüllt, was Gelehrte und Philosophen im 17./18. Jahrhundert visionär zu sehen meinten, wenn sie prophezeiten, daß in zweihundert Jahren, wenn Menschen nicht mehr dem umfangreichen Arbeitsprozeß unterworfen sind, das Angebot an Freizeit sie zu lauter kleinen Gelehrten machen werde. »Dann sieht man sie überall auf den Märkten sitzen« – so meinte man damals –, »um großen Vorlesungen zu lauschen.« Das werde dann einen Bildungsstand bedeuten, wie man ihn sonst nur von einer Auswahl kannte. Es ist wahrlich gut, daß keiner von denen wiederkommt, um sich anzuschauen, was daraus geworden ist.

Zur Freizeit gehört zum Beispiel auch das Spielen. Aber wer macht das noch? Und wer weiß noch, wie man es macht? Wir können Sport treiben. Gut. Aber wo ist Sport noch wirklich Spiel? Gerade er hat ja die Tendenz, aus der Welt der Arbeit, der Mechanik, der Motorik so viel zu übernehmen, daß er Menschen in eine Bahn zwingt, in der sie als Leistungssportler zu unerhörten Höhen getrieben werden. Und doch gilt der Satz Schillers: »Der Mensch ist nur dort wirklich Mensch, wo er spielt.« So könnte in spielerischen Möglichkeiten eine Form liegen, um zu sich selber zu kommen. Natürlich ist das ein sehr äußerlicher Vorgang. Aber vielleicht könnte es der Anfang sein oder so etwas wie ein Übergang von der Arbeitszeit in die freie Zeit.

Und das Nächste könnte dann sein, daß man zu einem Buch greift oder eine Schallplatte auflegt, weil man auf irgendeine Weise das andere, das einen von der Arbeit her noch gefangengenommen hat, losgeworden ist. Denn es geht ja um den anderen Rhythmus, nicht den der Maschinen, der Geräusche, sondern den einer großen Ruhe.

Die nächste Stufe wäre dann die, daß aus dem Zuhörenkönnen so etwas wie Stille wächst. Aber Stille ist nicht zu machen. Sie ist ein Vorgang des Wachsens. Darum finden wir sie nicht trotz aller Freizeit. Es scheint so, als ob das Arbeitstempo, der Rhythmus, den wir dort aufgenommen haben, größer ist als der Ruf, irgendwo sich hinzusetzen und nichts anderes zu tun, als von einem Berghang in die Landschaft zu schauen. Aber gerade die Stille, die Ruhe in der freien Zeit ist der Ort, von dem her die Dinge wieder ihren Zusammenhang bekommen: Man kann dann wieder an die Arbeit herangehen mit dem Wissen: Es hat alles seinen Rahmen und seine Grenze. Die Selbstentfremdung, die in der Arbeit stark geworden ist, ist in der Stille überwunden. Es könnte dann passieren, daß man aus manchem Wochenende anders wiederkommt und sich vornimmt, einiges von dem, was man gelernt oder erlebt hat, zu bewahren.

Freilich, mancher wird sagen: So viel Freizeit ist es ja gar nicht, die ich habe! Warum also so viel darüber reden? In Amerika hat die Elektrikergewerkschaft, jedenfalls in New York, erreicht, daß nur 26 Stunden in der Woche gearbeitet wird. Man muß sich einmal der Frage stellen: Was würde ich dann tun mit der freien Zeit? Ist es wahr, daß dann der Mensch wieder frei wird für den Mitmenschen? Daß es nicht nur um die Dinge geht, die wir aufgezählt haben, sondern daß einer wieder den Weg zum anderen findet? Es gäbe nichts Besseres als dies: einen Teil dieser freien Zeit für kranke Menschen, für Alte, Einsame abzuzweigen. Aber wer das heute nicht gelernt hat – wird er das morgen können? Wer heute nicht gelernt hat, soundso viele Stunden, die ihm ganz gehören, so einzusetzen, daß sie jemand anders ganz gehören, wie sollte der dann mit dem großen Angebot fertig werden?

Aber vielleicht bedarf es auch hier bestimmter Anhaltspunkte. Jener praktische Ratschlag ist nicht schlecht, einmal aufzuschreiben, was man in seiner freien Zeit für lebenswichtig, für notwendig, für interessant erachtet: Fernsehsendung, Rundfunkprogramme, Filme, Bücher, Schallplatten, Besuche, Vorträge, religiöse Veranstaltungen, Briefe schreiben usw. Und dahinter schreibt man in eine Rubrik eine Punktzahl für das, was man in der Stellenwertskala für am notwendigsten, am höchsten erachtet. Zehn Punkte für das, was am meisten interessiert. Und in einer zweiten Rubrik setzt man dann ein, wieviel Zeit man wirklich dafür in der Woche verwendet. Wie viele unter uns werden dann merken, wie da etwas auseinanderklafft zwischen der Einsicht in die Notwendigkeit der Vorgänge und der Verwirklichung dieser Einsicht im Umgang mit der freien Zeit. Jedenfalls sind es erstaunliche Ergebnisse und zum Teil beschämende Resultate.

Aber die kommende Freizeitgesellschaft wird noch mehr von uns fordern. Es wird freiwillige Dienste geben müssen. Wie es jetzt schon freiwillige Feuerwehr gibt, Rotes Kreuz, Johanniter usw., so wird es Dienste geben müssen, wo Menschen sich bereit erklären, für bestimmte Aufgaben bestimmte feste Zeiten zur Verfügung zu stellen. Wenn wir je daran interessiert sind, in einer Gemeinschaft zu leben, die funktionieren soll, wird das ohne diesen Beitrag an Kraft und Zeit nicht gehen.

Mancher mag einwenden: Das ist alles nur Zukunftsvision! Aber auch hier gilt: Wer sich nicht heute schon eingefügt hat in das soziale Gemeinwesen seiner Nachbarschaft, wer den »Ohne-mich-Standpunkt« vertritt und sozusagen in einem Totstellreflex dahinvegetiert, wird es dann auch nicht können. Man kann nicht von den Diensten der anderen mitleben und dabei selber wie ein Parasit existieren. Diese Frage nach dem Umgang mit immer mehr freier Zeit wird bis in die Mitarbeit in der Kirchengemeinde hinein wirksam werden, bis zu politischem Engagement und bis zu der Notwendigkeit, informiert zu sein. Und das ist mehr, als einfach bei der Meinung zu beharren: Rundfunk und Fernsehen bringen mir die Welt ins Haus. Information ist mehr, ist das Bemühen um Verständnis. Es ist die Rückfrage nach den Fernen und das Engagement für sie.

Charles Peguy hat schon vor einem halben Jahrhundert gemahnt: »Sie haben den Mut zur Arbeit. Sie haben nicht den Mut zur Ruhe. Sie haben die Tugend der Arbeit. Sie haben nicht die Tugend der Ruhe, sich auszuspannen, sich auszuruhen, zu schlafen. Die Unseligen wissen nicht, was gut ist. Sie verwalten ihre Geschäfte sehr gut während des Tages. Aber sie wollen Gott ihre Betreuung nicht überlassen während der Nacht. Wer nicht ruhen kann, bricht der Hoffnung die Treue. Und das ist die größte Untreue. Denn Ruhe und Arbeit sind Brüder und verstehen einander sehr gut.«

Ferien

Urlaub machen, so habe ich mal gelesen, das ist »wie auf einer Wiese sitzen und mit der Seele baumeln«. Ein hübscher Satz! Was kann er alles bedeuten?

Nicht mehr gehetzt werden. Jetzt gehört mir die Zeit, und sie will mich reich machen. Schatten der Vergangenheit können sich lösen.

Ich habe jetzt die Chance, vieles neu zu entdecken, über das sich oft der Staub des Alltags gelegt hat. Ob es dazu reichen wird, das andere, das Neue, was uns sonst im Alltag fehlt, hereinzulassen?

Viele bleiben ja auch daheim. Ich denke besonders an die Kranken und die Behinderten, an die mit dem schlechten Kreislauf und der schwachen Konstitution. Oder auch an die, die eine große Enttäuschung hinter sich haben. Und ich denke auch an die Bauern, die manchmal mit heimlichem Neid denen nachschauen, die so davonfahren können. Die Ferne macht es noch nicht, daß man sich erholt. Wirklich Urlaub gemacht hat nur der, der wegfährt, um dann um so besser und intensiver wieder zu wissen, wo er zu Hause ist. Und wirklich erholt wird der sein, der etwas Neues entdeckt, sei es auf Reisen oder zu Hause.

Uns alle verbindet die Hoffnung, befreit zu werden von dem, was bedrückt, besorgt macht, quält. Der

Weg dazu kann eine Entdeckungsreise nach innen oder nach außen sein, wobei manchmal die Reise zu sich selbst die längste ist. Es ist ein großes Abenteuer, sich auf sich selbst einzulassen. Am Ziel kann es so sein, daß eine einzige Blume oder ein Wiesenstrauß zu einem ganzen Sommer wird.

Sich erholen heißt doch: wieder offen werden für das, was auf einen zukommt. Um dieses Sehen geht es für uns und dann auch für die Weite der Natur. Mir geht das so, daß ich dann manches Mal Bilder geradezu in mich hineinfallen lasse, sie speichere, und später, im November, rufe ich sie ab aus der Seele und schließe meine Augen. Und dann ist die Atmosphäre wieder da. Die Stille, das Gesammeltsein, die Farben, die Formen, der glückliche Augenblick. Diese Offenheit kann so weit gehen, daß wir Einsicht in die göttliche Ordnung bekommen, etwa so: »Die ganze Welt ist wie ein Buch, darinnen aufgeschrieben in bunten Bildern manch ein Spruch, wie Gott uns treu geblieben.«

Da werden wir ansprechbar für die Sprache der Dinge, der Geschöpfe, der Welt um uns herum und können Bilder des Lebens aufnehmen, bis hin zu dem Staunen: »Was ist der Mensch, o Gott, daß du seiner gedenkst. Wer bin ich eigentlich, daß du dich meiner annimmst?« (Psalm 8,5).

Ein Gebet für den Urlaub: »O Gott, laß mich offen sein für die Zeit, die vor mir liegt. Für die Menschen, die du mir über den Weg führst, für die kleinen Begebenheiten des Alltags. Hilf mir, die Freude aufzunehmen und wie ein Licht zu bewahren, damit es in mir und um mich herum hell wird. Mach es gut mit einem jeden unter uns in diesen Tagen und Wochen, damit es eine erfüllte Zeit wird!«

Die Erde ist schön und was darin ist

Die Erde als das Selbstverständliche übersehen wir ständig. Erst seit einiger Zeit bekommen wir sie wieder ins Blickfeld, nachdem wir entdeckt hatten, was wir alles mit ihr angerichtet haben. Darum bedarf es der Mahnung Friedrich Nietzsches: »Brüder, bleibt der Erde treu!«

Vielleicht gehört zu diesem Nachdenken über die Erde, sich einfach einmal hinzulegen. Zwar meinen wir, man sieht weiter, wenn man stehen bleibt und die Landschaft betrachtet. Aber irgendwann kommt der Moment, da hockt man sich hin, streckt sich aus, träumt vielleicht ein bißchen in den Himmel, wo der Sommerwind sein Spiel mit den Wolken treibt.

Augen zu haben für Gottes Gegenwart in unserer Welt, darum geht es. Wer so dran ist, der versteht die Welt wie ein Buch, in dem vieles für uns aufgeschrieben worden ist. Kennen Sie das Lied noch:

»Die ganze Welt ist wie ein Buch,
darin uns aufgeschrieben
in bunten Zeilen manch ein Spruch,
wie Gott uns treu geblieben;
Wald und Blumen, nah und fern
und der helle Morgenstern
sind Zeugen von seinem Lieben.«

Emanuel Geibel

Es ist gar nicht so leicht, sich in der Freiheit der Ferien zurechtzufinden. Ein Gefangener der Zeit mißtraut der Seligkeit!

Ich kenne meine Fabrik, ich kenne mein Büro, ich kenne meinen Arbeitsplatz – dort habe ich alles geordnet, genau auf die Zeit bereit. Und jetzt ist plötzlich keine Zeit mehr, kein Ruf, der mich herumreißt, keine Pflicht, die mich pfändet, kein Ort, den ich zu hüten habe. Freiheit! Und was macht man jetzt mit dieser Zeit, die uns gegeben ist? Anders umgehen als sonst. Zum Beispiel Augen haben, um die Natur neu zu entdecken. Manchmal, wenn man unterwegs ist, kommt so ein Moment, da hockt man sich hin, streckt sich aus. So auf der Erde liegend, das gibt ganz neue Perspektiven. Das ist, als ob man sich von der Erde ans Herz nehmen läßt. Das verändert den Rhythmus des Herzens und der Gedanken. Man entdeckt so dicht am Boden den Duft der Erde, den würzigen Geruch einer Waldwiese. Fast hatte man es vergessen, wie Gras duftet. Vergessen, wie etwas aussieht, was wir nicht selber gemacht haben. Jetzt ist alles ganz nah: der Käfer, der vor einem durchs Gras krabbelt, die Gräser, die Bäume, die Wolken – tatsächlich, die Welt ist aufgeschlagen wie ein Buch.

Zu der Freude an der schönen Erde gehört sicher auch die Freude am Menschen. Urlaubszeit ist darum auch die Möglichkeit, neue Menschen zu entdecken oder die alten gewohnten mit neuen Augen zu sehen. Aber wer das will, muß sich im Sehen üben. Doch wie macht man das? Jedenfalls, daß man begreift:

»Ihr, meine Augen, ihr habt den Freipaß, der alle Schranken öffnet.

Ihr, meine Augen, euch wird allerorten Audienz gewährt ...

Ihr, meine Augen, eurem sehenden Einzug enthüllt sich das verborgene Bild ...

Die unendliche Kette der Blicke bricht zu immer neuen Pilgerfahrten auf.«

Cyrus Atabay

Auch zu neuen Pilgerfahrten gegenüber dem Mitmenschen. Was hatten wir da im Berufsalltag nicht alles übersehen? Jetzt kann das abgelöst werden durch ein neues Hinschauen. Es gibt Zeit für Entdekkungen aneinander. Vielleicht auch Zeit, in der man sich als Ehepartner wieder neu begreift. Wieviel Unbekanntes hat sich da in den letzten Monaten angesammelt? Irgendwie hat es immer an der Zeit, an der Muße für Gespräche gefehlt. Aber jetzt kann man sich wieder neu kennenlernen. Frei von Vorurteilen, die sich im Alltag oft zu schnell wieder eingenistet haben. Das kann sogar dazu führen, daß man staunt darüber, was eigentlich mit dem Vater, mit der Mutter, mit der Tochter, mit dem Sohn wirklich los ist. Sie sind anders. Vielgestaltiger. Ihr Leben ist bunter und die Vielfalt ihres Wesens weckt neues Interesse. Wie sollte man bei solchem Hinschauen nicht auch wieder die Zärtlichkeit lernen und den Scherzworten Raum geben! Aber auch jenem gemeinsamen Schweigen, das aus tiefem Einverständnis kommt.

Dann bekommt man auch Augen für die, in deren Land man wohnt, ein Empfinden für deren Probleme, Sorgen und Freuden. Und wird man dann nicht auch gespannt sein auf die Überraschungen, die man mit den Zeltnachbarn aus Wanne-Eickel oder anderswoher erlebt? Jedenfalls, in diesem Sehen muß man sich üben. Es kommt aus einem großen Vertrauen und aus der Freude an Gottes Gegenwart in unserer Welt.

Augen zu haben für die Natur und für den Mitmenschen – das ist nicht alles. Wir brauchen auch wieder einen neuen Blick für uns selbst. So wie das Günter Grass andeutet:

»... kam spät nach Hause, schloß mit dem Schlüssel die Wohnung auf und merkte beim Schlüsselsuchen, daß ich einen Schlüssel brauche, um bei mir einkehren zu können.«
Aus dem Gedicht »Saturn« von Günter Grass

Diesen Schlüssel finden, das kann bedeuten: Gewohntes vergessen und sich wundern über das Alltägliche. Da kann das »Nichts« unserer Gewohnheiten zu Bausteinen werden, aus denen ein »Etwas« werden mag.

Das kann damit beginnen, daß man sich fragt: »Was wird in diesen Wochen aus dir werden, aus dir, der müde, abgespannt und oft gereizt reagiert hat? Wir haben sogar ein wenig Angst vor dieser Zeit, weil wir Furcht haben, uns selber zu begegnen. Sind wir nicht mehr an uns gewöhnt? Kennen wir uns nicht mehr, oder fürchten wir die Vorwürfe und die Forderungen, wenn die anderen Stimmen zur Ruhe gekommen sind? Denn man wird auf dem Weg nach innen zuerst auf allerlei Fragen stoßen: Muß in meinem Leben alles so sein, wie es ist? Was ist gut, was ist nicht gut bei mir? Es könnte ein Risiko bedeuten, zu sich selbst kommen zu wollen. Denn wer ist der, bei dem man dann ankommt? Manche haben sich, um diese Frage nicht beantworten zu müssen, ganz anders entschieden. Sie zerstreuen sich, sie »vertreiben die Zeit«. Obwohl sie genau wissen, daß sie zur Ruhe kommen wollten. Nicht davon ist die Rede, daß wir uns allzusehr mit uns selber beschäftigen. Vielmehr ist bedenkenswert: »Meine Seele ist stille zu Gott« (Psalm 62,2).

Da versteht man sehr gut, was der Vers meint:

»Was nah ist und was ferne,
von Gott kommt alles her,
der Strohhalm und die Sterne,
das Sandkorn und das Meer.
Von ihm sind Busch und Blätter
und Korn und Obst von ihm,
das schöne Frühlingswetter
und Schnee und Ungestüm.

Alle gute Gabe kommt her von Gott dem Herrn,
drum dankt ihm, dankt – drum dankt ihm, dankt,
und hofft auf ihn.«

Matthias Claudius

Gott hat uns zur Freude gerufen, Arbeit und Mühsal allein können unserem Leben nicht Erfüllung geben. Gott gibt uns Augen für die Vielfalt seiner Schöpfung. Er gibt uns Augen für die Menschen, mit denen er uns zusammenführt. Er gönnt uns das Glück derer, für die das Leben täglich neu und voller Erwartung ist. Er macht aus uns dankbare Menschen, die ihre Dankbarkeit auch zum Ausdruck bringen wollen:

»Ich selber kann und mag nicht ruhn,
des großen Gottes großes Tun
erweckt mir alle Sinne.
Ich singe mit, wenn alles singt,
und lasse, was dem Höchsten klingt,
aus meinem Herzen rinnen.«

Paul Gerhardt

Manchmal fehlt uns jene Spontaneität, wie wir sie bei Christen anderer Kontinente oft bewundern. Aber vielleicht fällt es uns, den Urlaubern oder den Daheimgebliebenen, nicht schwer, mit ihnen zu beten:

»Herr, ich werfe meine Freude
wie Vögel an den Himmel.
Die Nacht ist verflattert,
und ich freue mich am Licht.
Deine Sonne hat den Tag weggebrannt
vom Gras und von unseren Herzen.
Was da aus uns kommt, was da in uns ist

an diesem Morgen, das ist Dank!
Herr, ich bin fröhlich heute am Morgen.
Die Vögel und Engel jubilieren,
und ich singe auch.
Das All und unsere Herzen sind offen
für deine Gnade.
Ich fühle meinen Körper und danke.
Die Sonne brennt meine Haut, ich danke.
Das Meer rollt gegen den Strand, ich danke.
Die Gischt klatscht gegen unser Haus, ich danke.
Herr, ich freue mich an der Schöpfung
und daß du dahinter bist und daneben
und davor und darüber und in uns.
Ein neuer Tag, der glitzert und knistert,
knallt und jubiliert von deiner Liebe.
Jeden Tag machst du. Halleluja, Herr!
Gebet aus Westafrika, übertragen von Fritz Pawelzik

Ein Wort an die Väter

Ich weiß nicht, was Sie sich alles vorgenommen haben im Urlaub. Aber vielleicht gäbe es zum Beispiel wieder einmal eine Gelegenheit für Vater und Sohn, Zeit füreinander zu haben. Ich habe auch so einen kleinen Kerl zu Hause und weiß, wie der sich nach Möglichkeiten sehnt, kleine und große Abenteuer mit seinem Vater zu bestehen. Oft reicht es abends nur für den Gutenachtgruß und manchmal nicht einmal dafür. Und es gibt Tage, da sieht man sich kaum. Man hört nur voneinander. Und der hübsche Satz: »Samstags gehört Vati mir!« – wie oft wird er überdeckt von aufzuarbeitenden Akten, unwirklich gemacht durch unaufschiebbare Termine. Und es reicht dann nur eben zu einem Streicheln über den Kopf. Aber nun Urlaub! Da möchte die kleine Hand die große nicht mehr loslassen. Und die Erfahrung, die ein Vater aufschrieb, von wie vielen wird sie geteilt, wenn sie an ihre kleinen Söhne denken! »Gewagter Schritt, in fremder Welt, tastender Versuch, es Großen nachzutun. Verhaltener Schrecken vor ungewohntem Anblick. Viel kleine Tapferkeit, Zuflucht in großen Händen.«

Urlaub, das heißt: Der Platz neben dem Vater bleibt reserviert. Die übrige Familie erträgt hoffentlich schmunzelnd diese Männerfreundschaft. Wieviel haben sich die beiden zu erzählen! Und wieviel wird da gefragt! »Wann schlafen die Fische? Wer hat das Meer so salzig gemacht? Hat der liebe Gott jetzt auch Ferien?« Jetzt kann man einmal die unmöglichsten Fragen beantworten. Und welcher Vater tut das nicht gern, wenn in den Augen seines Jungen dieses Vertrauen spricht: Das weißt du doch! Welche Chancen, auf Entdeckungsreisen zu gehen, sich die Welt aufschließen zu lassen von einem, der sie kennt! Sogar der sonst gefürchtete Mittagsschlaf, um den es regelmäßig Tränen gibt, – hier ist er kein Problem. Wie sollte er auch, wo es jetzt doch den besten Platz gibt, den man sich denken kann: Vaters Rücken. Und wenn man erst diese Höhenlage erkrabbelt hat, fühlt man sich wie auf einem Schiff geborgen, das über Wellen und Abgründe hinwegschaukelt. Da läßt es sich gut schlafen und träumen.

Wen rührt es nicht, wenn man als Vater so gebraucht, so akzeptiert wird? Und wem tut es nicht gut, so bedingungsloses Vertrauen und aufrichtige Freundschaft angeboten zu bekommen? Gewiß, es werden einmal andere Zeiten kommen, irgendwann, Zeiten der Entfremdung, Tage mangelnden Verstehens. Es wird Auseinandersetzungen geben, bittere Worte und wehmütige Erinnerungen an heile Gemeinschaft und unvergeßliche Tage am Strand. Aber warum jetzt schon sich selbst in den Kelch der Freude den bitteren Tropfen gießen? Warum nicht diese Zeit nehmen, jetzt, die vor uns liegt, und auskaufen? Und wenn dann nach ein paar Wochen Urlaub wieder des Dienstes strenge Uhr die Möglichkeiten dieses Gesprächs verhindert, vergessen ist nichts von den Tagen und Wochen gemeinsamer Erfahrung, wenigstens nicht bei dem kleinen Jungen. Er wird noch lange erfüllt sein von dem, was er mit seinem Vater erlebt hat. Das hat mein Vater erzählt! Und es klingt nach Stolz, nach Freundschaft, nach Erlebnissen, in denen etwas war, was wie ein unverlierbarer Schatz festgehalten wird.

Vielleicht bringt die Heiterkeit dieser Urlaubstage sogar fertig, jene Sehnsucht zu wecken, die zu unseren besten Stunden gehört: So leben können, so vertrauensvoll, rückhaltlos, unbefangen, heiter! Es könnte wie eine Erinnerung an eine Wirklichkeit sein, die wir, erwachsen wie wir sind, oft ablehnen. An jene Wirklichkeit, in der die Bibel von uns als »Kindern des einen Vaters« redet.

Rückkehr aus dem Urlaub

»Hier, hier an diesem See, da hab ich zum ersten Mal Wasserski probiert!« erzählt der kleine Junge und zeigt dabei auf eine Ansichtskarte. »Und hier bin ich ...« Stundenlang könnte er jetzt weiter erzählen, wenn nicht die Mutter dazwischen rufen würde: »Nun aber los, marsch ins Bett, die Rückfahrt war anstrengend genug!«

Vor zwei Stunden sind sie angekommen. Und als der Vater den Wagen in der Garage drin hatte und alle noch ganz glücklich von der Reise einen Moment ruhig dasaßen, sagte er plötzlich: »Ich glaube, wir können Gott danken, daß wir wieder gesund und heil zu Hause angekommen sind, vergeßt das nicht!« Und während dann das große Auspacken begann, dachte er noch darüber nach: »Was haben wir eigentlich mitgebracht aus diesem Urlaub? Was ist vom Urlaub geblieben? Nur ein bißchen Bräune? Ein paar Erinnerungen? Eine Menge von Adressen, in einer urlaubsseligen Stunde notiert?

Was noch? Ein paar Fotos, einige Souvenirs, die ein bißchen fremdländischen Hauch in unsere Alltagswelt tragen? Hoffentlich ist das nicht alles, das wäre zu wenig. Es fehlte am Entscheidenden: daß man anders wiedergekommen ist, als man weggefahren ist; daß die Eindrücke, die Erlebnisse, die Bilder uns verwandelt haben und wir sie nicht nur, einer Momentaufnahme gleich, registriert haben.

Was also ist herausgekommen bei dem Urlaub? Vielleicht die Entdeckung, daß es nicht an den Dingen der Welt liegt, ob sie uns ihre Schönheit und Ordnung aufschließen. Es liegt an uns, ob wir noch zu sehen vermögen, mit Augen, die Vordergrund und Hintergrund erkennen. Werden wir das auch im Alltag wieder schaffen, unsere Augen so zu gebrauchen? Offen zu sein für das, was hinter den Dingen liegt und worauf sie in ihrer Vielfalt zeigen?

Und was haben wir noch gelernt in den vergangenen schönen Wochen dieser herrlichen Sommerzeit? Hoffentlich den Blick für die richtige Rangordnung der Dinge, so daß man Kleines wieder als klein erkennt und sich damit vor Kleinlichkeiten bewahrt. Ja sogar, daß man lächeln kann über manches, was einen noch vor einigen Wochen geärgert hat. So müßte es doch sein, wenn man anders aus dem Urlaub wiedergekommen ist.

Aber es werden ja nicht nur solche Gedanken ausgewickelt während des Auspackens. Dazwischen steckt ja auch manchmal die Überlegung: »Das haben wir gehabt, wie wird's weitergehen?« Die Sorge, daß hinter der Kurzarbeit sich Arbeitslosigkeit andeuten könnte, bedrückt manchen unbeschwert nach Hause Gekommenen.

Überhaupt der Arbeitsplatz! Sind wir auch dafür anders wiedergekommen? Haben wir, zum Beispiel, Geduld für die Kollegen mitgebracht, für die Mitarbeiter? Ist uns aus dem Abstand des Urlaubs neuer Mut, neue Einsicht für schwierige Aufgaben zugewachsen? Da und dort muß es sich doch erweisen, was wir gewonnen haben in den letzten Wochen!

Worin das immer auch bestehen mag: Gott will uns mit dem, was wir gefunden haben, brauchen für Menschen, die uns brauchen. Das ist eigentlich das ganze Geheimnis des Lebens. Conrad Ferdinand Meyer hat dies einmal hineinverschlüsselt in ein Gedicht, »Der römische Brunnen« genannt:

»Aufsteigt der Strahl
und fallend
gießt er voll der Marmorschale Rund,
die, sich verschleiernd,
überfließt in einer zweiten Schale Grund.
Die zweite gibt –
sie wird zu reich –
der dritten wallend ihre Flut.
Und jede nimmt und gibt zugleich
und strömt und ruht.«

Nimmt und gibt zugleich. Um dieses Geheimnis geht es. Wir haben in den Wochen des Urlaubs alle viel genommen. Wir haben gesammelt und gespeichert. Die nächsten Wochen werden zeigen, wie weit wir es verstanden haben, dieses Geheimnis des Lebens: Nimmt und gibt zugleich.

Wer jedenfalls so wieder anfängt, für den bleiben vom Urlaub nicht nur Erinnerungen, Souvenirs, Urlaubsadressen. Der wird den Alltag dazu nutzen, etwas von dem, was neu entdeckt, neu gelernt worden ist, zu verwirklichen. Das Kofferauspacken, das ist nur der Anfang davon!

Was gut ist

Nichts will der Mensch lieber als gut sein. Ich glaube, darin sind wir uns einig. Aber – wie macht man das? Bert Brecht meint in der »Dreigroschenoper«:

»Ein guter Mensch sein! Ja, wer wär's nicht gern?
Sein Gut den Armen geben, warum nicht?
Wenn alle gut sind, ist Sein Reich nicht fern
wer säße nicht sehr gern in Seinem Licht?
Ein guter Mensch sein? Ja, wer wär's nicht gern?
Doch leider sind auf diesem Sterne eben
die Mittel kärglich und die Menschen roh.
Wer möchte nicht in Fried und Eintracht leben?
Doch die Verhältnisse, die sind nicht so!«

Und warum sind die Verhältnisse nicht so? Weil der Mensch nicht so ist. Muß es darum bei der resignierenden Feststellung bleiben: »Ein guter Mensch sein, ja, wer wär's nicht gern?« Vielleicht wissen wir nicht einmal genau, was das eigentlich ist, gut sein. Die Bibel umreißt das Wesen eines guten Menschen einmal sehr direkt: »Es ist dir gesagt, Mensch, was gut ist: Gottes Wort halten, Liebe üben und demütig sein vor deinem Gott« (Micha 6,8).

Ein bißchen viel auf einmal, darum bedarf das einer Interpretation. Gottes Wort halten – was heißt das?

Einmal, daß man dieses Wort in sein Leben einläßt, daß es in unsere Gedanken eindringt, unsere eigene Art zu reden gestaltet. Wir werden dabei die Erfahrung machen, daß dieses Wort mehr uns hält als daß wir es hielten. Es verdient darum mehr als bloßes Interesse. Es gibt Orientierung.

Und dann: Liebe üben. Das ist vielleicht noch am einsichtigsten. Im Umgang mit anderen kommt heraus, wie gut ein Mensch ist. Das ist das eine. Aber wieviel davon verwirklichen wir? Gleichheit, Brüderlichkeit ... eine herrliche Sache. Man hat es nur so schwer mit den Tätigkeitswörtern. Aber: Liebe üben. Das erinnert einen daran, daß etwas trainiert werden muß, sonst verkümmert da was, schrumpft ein. Betrachten wir doch einmal diesen Tag, den Arbeitsplatz, die Familie, die Straße als Felder, auf denen eingeübt wird, wie das ist mit der Liebe von Mensch zu Mensch. Eines wird dazugehören: daß man Schranken einreißt, der Gleichgültigkeit absagt, Vorurteile aufgibt.

Ja, und dann wird noch als drittes gesagt zu dem, was gut ist für den Menschen: Demütig sein vor Gott. Mit der Demut haben wir es nicht so. Vielleicht ist das Wort auch ein bißchen altmodisch. Aber die Sache, die es meint, ist dringend geboten. Geht es doch darum, sich nicht mehr um jeden Preis selbst zu behaupten, sich durchzusetzen, koste es, was es wolle. Aber dazu gehören Haltung und Mut.

Demut, Liebe und Gehorsam gegenüber Gott als Ausgangsposition für neuen Umgang miteinander – das wäre es.

Maxim Gorki hat einmal die Figuren unserer Welt so charakterisiert:

»Vor unseren Augen zieht eine zahllose Reihe Sklaven und Herren ihrer eigenen Liebe, ihrer Dummheit und Faulheit, ihrer Gier nach den Gütern der Welt vorüber ...Viele von ihnen haben schöne Träume, wie gut das Leben in zweihundert Jahren sein wird. Aber niemandem kommt die einfache Frage in den Sinn: Ja, wer wird es gut machen, wenn wir immer nur träumen?«

Ich wünsche Ihnen Tage mit Menschen, die gut zu Ihnen sind und denen Sie Gutes weitergeben.

Der junge Mensch und seine Ängste

Es gibt Worte, die haben ein freundliches Umfeld. Und es gibt andere, bei denen wird's einem mulmig zumute. Angst ist eines von der letzteren Sorte; denn es gibt niemanden, der sie nicht irgendwann in seinem Leben buchstabieren muß. Manchmal auf eine unheimliche und bedrängende Weise. Und das nicht erst in den späteren Jahren des Lebens, wo die Angst vor dem Tod sich in allen anderen Ängsten meldet. Auch junge Menschen haben hier längst ihre Erfahrungen gemacht.

Wenn man sie nach ihren Ängsten fragt, so wehren sie dies keineswegs mit überlegenen Gesten ab. Im Gegenteil, sie antworten sehr präzise. Einige Befragte beschrieben ihre Situation auf diesem Gebiet folgendermaßen:

»Ich habe Angst vor der Zukunft, vor dem Ungewissen. Bisher war alles so festgelegt, die Schule war so etwas wie ein Rahmen, aber jetzt ist alles vor mir ohne Abschluß ...«

»Ich habe Angst, überflüssig zu sein, nicht gebraucht zu werden in dieser Gesellschaft, in der alles so perfekt abläuft.«

»Ich habe Angst vor meinen Eltern, die mit ihren bohrenden Fragen in mir auseinanderreißen, worin ich selbst noch lange nicht gefestigt bin ...«

»Ich habe Angst vor äußeren Zwängen und Einflüssen, wie sie eine Berufsausbildung eben so mit sich bringt. Ich fürchte, daß ich mich da nicht so entfalten kann, wie ich eigentlich möchte.«

»Ich ängstige mich vor Entscheidungen, weil sie mein Leben so festlegen, daß mein Spielraum ganz eng wird.«

»Ich fürchte mich vor dem Alleinsein, darum suche ich auch immer nach einem Menschen, mit dem ich zusammenleben kann, wenigstens auf Zeit ...«

Manchmal findet sich die Angst auch unausgesprochen in Bildern vom Leben, die man vor sich sieht. Wenn zum Beispiel ein junger Mensch schreibt: »Mein Leben ist wie eine Schlinge, in die ein Knoten gemacht ist, und der Knoten wird langsam zugezogen«, dann ist darin die Angst vor dem Leben überhaupt beschrieben.

Was allen Ängsten gemeinsam ist, kann man auf die folgende Weise buchstabieren:

A – wie Atemnot. Angst verschlägt einem den Atem. Es ist, als würde es einem den Hals zudrücken. Es kann geschehen, daß sie uns nachts auf der Brust hockt, einem Alptraum gleich, und uns die Luft nimmt.

N – wie Niederlage. Tatsächlich, ängstlich sein, das heißt seine Niederlagen kennen oder erfahren; denn wo sind alle meine Kräfte geblieben, wo ist jene Überlegenheit, die mich sonst auszeichnet, jene Identität, die andere von mir behaupten? Plötzlich ist es, als hätte es dies nie gegeben.

G – wie Grauen. Die Angst kann einem dieses Lebensgefühl beibringen, daß einem vor etwas graut. Das kann schon der heutige Tag sein. Das kann ein

Mensch sein, von dem man nur noch Härte und Überfahrenwerden erwartet. Und das kann die Zukunft sein, die nur noch wie ein riesiger Schlund ist, der mich verschlingen wird.

S – wie Sorge. Wer Angst hat, der sorgt sich darum, wie er die Angst überwinden kann. Denn die Sorge ist eine graue Schwester der Angst. Sie läßt nicht zu, daß irgendwo ein Lachen wächst. Sie läßt nicht zu, daß Glanz und Licht unser Leben erhellen. Sie verhängt alles grau in grau.

T – wie Traurigkeit. Die Angst wirft einen Mantel der Trauer über mich. Ich bin traurig über meinen Zustand, daß ich nicht mehr hinaussehe. Traurig darüber, wie in einem Netz der Angst gefangen zu sein, das mich am Boden hält.

Jesus sagt einmal: »In der Welt habt ihr Angst, aber seid getrost, ich habe die Welt überwunden« (Johannes 16,33). Seitdem kann man Angst anders buchstabieren:

A – wie auferstanden. Denn wenn Jesus Angst überwindet, dann ist das nicht nur die kleine Hilfe für den kleinen Tag. Dann ist es die ganz große Hilfe für alle Ängste, auch für die allerletzte, die von der Auferstehung her durchbrochen ist.

N – wie neu werden. Ich muß nicht der Alte bleiben, der immer der alten Angst unterworfen ist. Ich kann ein anderer werden, mit überwundener Angst. Manchmal bin ich noch hin- und hergerissen, aber wohin ich gehöre, das ist schon eindeutig.

G – wie Geborgenheit. Angst stößt in einen Raum hinaus. Sie kennt den Satz: »Wie sind wir so allein in der weiten Leichengruft des Alls« (Jean Paul). Aber Geborgenheit nimmt mich hinein in ihren weiten Mantel: »Fürchte dich nicht, ich habe dich bei deinem Namen gerufen, du bist mein« (Jesaja 43,1).

S – wie Spuren finden. Der, der gesagt hat: »Ich habe

die Welt überwunden«, hat damit in dieser Welt Spuren hinterlassen, in die man treten kann. Angst will alles auslöschen, aber der Glaube macht Schritte fest, damit wir in der Spur bleiben.
T – wie Tapferkeit. Angst nimmt einem den Schneid. Sie lähmt uns. Aber der Glaube fordert Mut und Hoffnung heraus. Man kann wieder gehen, aufbrechen, tapfer gegen die Widrigkeiten und die würgende Angst, die uns kaputtmachen wollte.

So kann man also Angst auch buchstabieren. Jetzt kommt es darauf an, wie wir das tun. Jedenfalls steht über uns: »In der Welt habt ihr Angst, aber ich habe die Welt überwunden.« Auch die heutige Welt. Auch die kleine des Alltags. Auch jene, von der wir meinen, sie habe keine freundlichen Überraschungen mehr für uns bereit.

Es wird freilich darauf ankommen, daß es Menschen gibt, die um unsere jungen Leute herum angstfreie Zonen schaffen, soweit sie das können. Vielleicht ist es wieder einmal an der Zeit, daran zu erinnern, daß junge Menschen Vorbilder brauchen, an denen sie sich wenigstens eine Zeitlang orientieren können. Leute also, von denen man sagen kann: »Es ist gut, denen zu vertrauen, die vertrauen.«

Zielerkrankung

Vielen unserer jungen Leute fehlt heute etwas Entscheidendes, was für die heute Vierzig- bis Fünfzigjährigen nicht so gegolten hat. Es fehlt ihnen die Motivation, das heißt die richtige Begründung für ein sinnvolles Arbeiten. Richard von Weizsäcker hat das mit den Worten beschrieben: »Weiterführende Aufgaben und Ziele für die nachfolgende Generation zu entwikkeln, damit sind wir nicht fertig geworden.«

Fachleute sprechen heute von einer Jugendkrankheit, die allerdings nicht nur junge Menschen befällt. Zielerkrankung nennen sie die. Die Zukunft? Dunkel! Eine Lebenshaltung entsteht, in der einem »alles egal« ist. Im Kreislauf von Arbeit und Verdienst, Kontrolle und Bürokratie sehen sie keine Chance mehr für sich.

Als wir vor dreißig Jahren anfingen – nun, sagen wir mit fast nichts –, da entdeckten wir: Es lohnt sich zuzupacken, es ist nicht alles egal. Und das haben wir getan. Viele können das vorzeigen: eine respektable Leistung, ein Lebenswerk. Es ist, als hätten wir ein schönes, großes, geräumiges Haus geschaffen. In dieses Haus sind nun unsere jungen Leute gekommen, und was bleibt ihnen zu tun? Bestenfalls noch ein wenig die Teppiche und die Möbel zu verrücken, das ist alles, und das ist zu wenig. Es ist tatsächlich nicht gelungen, weiterführende Aufgaben und Ziele für die nachfolgende Generation zu entwickeln. Was gibt das für ein Lebensgefühl? »Alles ist ja schon fertig, und für uns bleibt nichts oder nur wenig!«, sagte einer von den Jungen.

Das ist der Grund, daß unsere Töchter und Söhne nicht mehr so recht wissen, wozu das Ganze? Wozu lernen? Wozu gute Zensuren haben?

Sicher, manche von Ihnen werden antworten: »Man muß gute Zeugnisse haben. Man kommt ja sonst in der Welt nicht mit. Wie soll sich einer durchsetzen, wenn er das jetzt nicht begreift!«

Aber manchmal bin ich mir gar nicht so sicher, ob die Welt von morgen noch denselben Typ braucht, der wir waren. Wir haben aus dem vollen gelebt. Wir haben die Reserven der Erde angegriffen, wo wir sie nur kriegen konnten. Und nun haben wir viel, was wir vorzeigen können. Aber haben wir nicht zu sehr in das Außen hineingelebt? Da suchten junge Menschen oft Zeitgenossen an uns, die stark sind in der Liebe, stark im guten Willen, und wir haben geantwortet: »Später.« Währenddessen ist einiges an uns gestorben. Und wenn wir der Wahrheit standhielten, dann müßten wir zugeben: Ja, so richtig haben wir keinen Weg gewiesen, der Sinn hat. Wir waren zu viel damit beschäftigt, aufzubauen: noch größer, schöner, einmaliger.

Womöglich erkennen unsere jungen Leute genau hier eine Aufgabe für ihre Generation: das, was bei uns zu kurz gekommen ist, anzupacken. Es muß so sein, daß diese neue Generation neue Spuren legt, Spuren, für die Erfolg und Leistung nicht allerletzte Werte bedeuten. Spuren, die etwa beschrieben sind mit den beiden Stichworten aus dem 23. Psalm: »Gutes und Barmherzigkeit werden mir folgen mein Leben lang« (Psalm 23,6). Daraus so etwas wie eine neue Strategie des Überlebens zu entwickeln – ob das nicht eine Aufgabe ist?

»Wir werden uns neu zusammenfinden müssen«, so Tobias Brocher in einem Vortrag, »in der Entschlossenheit, den größten Angriff auf die Menschheit dort abzuwehren, wo er gerade beginnt: ihre Selbstzerstörung vor unseren eigenen Augen. Die Wandlung der Welt beginnt nicht irgendwo, sondern bei dir und bei mir, bei ihm und bei ihr, heute und hier ohne Aufschub ... Und wir werden lernen müssen, menschlicher mit uns selbst zu sein.«

Gutes tun und barmherzig sein. Dafür freilich gibt es keine Zensuren. Das kommt unter den Fächern auf den Zeugnissen nicht vor. Darum, wenn die heute ein wenig ungünstig ausgefallen sind und Ihnen Ärger machen, dann denken Sie daran, was durch Ihre Tochter oder Ihren Sohn an Neuem in unsere Welt hineingebracht werden kann. Und ich wünsche Ihnen, daß Sie Ihren jungen Leuten Mut machen, sich in dieses Neue einweisen zu lassen. Es könnte darin zugleich auch der Respekt gegenüber der Gottunmittelbarkeit dieser jungen Generation liegen, deren Aufgabe es ist, neue Spuren in unsere Welt zu legen.

Niederlagen erfahren

Niemand redet gern davon, und doch wird es jeder in seinem Leben erfahren. Und wenn es dann soweit ist, kann es sein, daß man fassungslos davorsteht. Ich rede von den Niederlagen, die jeder unter uns erleben muß. Und ich denke insbesondere auch an die jungen Leute. Manche von denen werden sagen: Eigentlich ist für mich im Leben immer alles ziemlich glatt gegangen. Ich weiß gar nicht, wie das ist, wenn man einbricht und nichts klappt, und ich weiß schon gar nicht, wie man das verarbeitet.

Es ist in den vergangenen Jahren so gewesen, daß wir uns gegenseitig zu Leistungen angespornt haben – mit Erfolg! Auch unseren jungen Leuten vermittelten wir diesen Lebensstil. Und jetzt? Jetzt gilt oft der Satz aus der Sportsprache: »Als der Läufer zusammenbrach, standen die Trainer ratlos. Sie hatten alles trainiert – nur nicht die Niederlage« (Kurt Bartsch).

Genau diese Art Training fiel aus. Wozu auch in so einer erfolgsorientierten Gesellschaft? dachten wir. Doch die Zeit ist anders geworden, der Wind bläst den Jungen ins Gesicht. Niederlagen erleben manche! Nun sollte das nicht gleich umschlagen in den resignativen Satz: »Ich bin ein Versager!«

Ich meine, wir sollten Situationen, die uns in ungewohnte Lebensphasen bringen, anders verstehen. Es fängt mit der Einsicht an: Das gibt es im Leben, und damit muß man rechnen. Aber vergeßt nicht dabei, Erfahrungen zu machen, die weiterhelfen. Aber das ist nicht das einzige. Wer sich Niederlagen eingesteht, sie verarbeitet, bewältigt, der kommt anders von da zurück, zum Beispiel mit mehr Empfinden für sich und andere, das einem zeigt, wie verwundbar eigentlich der Mensch ist.

Ich sage das, weil es Zeit wird, daß wir Eltern, wir Paten, solche Erfahrungen den Jungen weitergeben. Denn es stimmt doch, daß wir oft versucht haben, unsere Kinder vor Mißerfolgen zu schützen. Wir versuchten, sie abzuschirmen, und haben ihnen damit manches ersparen wollen, und nun? »Als der Läufer zusammenbrach, standen die Trainer ratlos. Sie hatten alles trainiert, nur nicht die Niederlage.«

Der christliche Glaube geht davon aus, daß der Mensch solche Einbrüche an sich und anderen kennenlernt. Er redet nicht von einer Art Triumph des Glaubens und überläßt dann den Menschen sich selbst, der plötzlich irgendwo einsackt. Der christliche Glaube rechnet mit einem Menschen, der sogar zum Versager werden kann – wir denken an Petrus, der dann von Jesus erfährt, daß er als Versager leben kann.

Was immer da auch einem Menschen widerfahren mag, er wird nicht abgehängt, nicht ausgeschlossen. Ideologien haben es an sich, Abweichler mit Ausschluß zu bestrafen. Im Evangelium ist im Mittelpunkt, im Herzstück gleichsam, derjenige, der von sich weiß: Ich bin einer, der schuldig geworden, der eingebrochen ist.

Darum wird das Evangelium einmal verglichen mit dem, wovon der Mensch lebt. Und er lebt nicht vom Brot allein, sondern von diesem guten Wort Gottes an uns, das Alltagsbrot unseres Lebens sein will. Nicht etwas für eine feierliche Stunde, sondern Werktagsbrot, Schulbrot. Man kann dann beten: Erschöpft von Arbeit, Sorgen und Niederlagen suchen wir dich und rufen: Komm uns entgegen, rede uns an. Gib uns ein Wort, das uns ändert und heilt, das uns nährt und befreit, wenn wir ganz unten sind.

Etwas Tapferes sagen

Manchmal erzählen mir Eltern von ihrem Kummer über ihre erwachsen gewordenen Söhne oder Töchter. Dabei ist es ein Kummer ganz besonderer Art. Nicht etwa, daß die Tochter oder der Sohn von den Eltern nichts mehr wissen wollen. Nein, meistens ist da alles in Ordnung, und es wird von der guten und freundlichen Beziehung gesprochen. Aber eben jener andere Kummer. Man spricht ihn selten genug aus. Wenn dann aber ein paar beieinandersitzen, so wie wir zwischen 50 und 60, und man redet über seinen Nachwuchs, dann sagt einer: »Schade, bei allem, was er kann, der Sohn, oder bei allem, was sie gelernt hat, die Tochter, und worin sie auch überzeugend ist – von der christlichen Erziehung scheint nicht viel geblieben zu sein. Hier zu Hause war sie jemand, der regelmäßig mit zum Gottesdienst ging und auch oft von der christlichen Überzeugung sprach, aber dann, als sie in den Beruf ging und in ganz andere Lebenskreise kam, war das plötzlich wie weggeblasen.«

Natürlich möchte man den erwachsen gewordenen Kindern gegenüber nicht falsch reagieren. Weder autoritär noch drängend. Aber manchmal möchte man die jungen Leute doch fragen: Warum habt ihr euch eigentlich geändert? Und die Antwort? »Der Freund, der eine ganz andere Lebenshaltung hat und ganz andere Grundsätze, die nicht christlich motiviert sind, hat mich überredet«, und die Tochter hat sich seitdem anders orientiert. Oder da ist es die

Gruppe, in der der Sohn sich besonders wohlfühlt, wo aber die Fragen nach dem Christsein und entsprechendem Lebensstil durch ganz andere abgelöst worden sind.

Eigentlich schade, denken dann manche Eltern. Anderen tut es weh, manche empfinden das als Verlust, und manche fragen sich: Was haben wir falsch gemacht?

Einen Satz aus der Bibel möchte ich jungen Leuten zu bedenken geben: »Wenn dich dein Bruder oder dein Sohn oder deine Tochter oder deine Frau in deinen Armen oder dein Freund, der dir lieb ist wie dein Leben, heimlich überreden wollte und sagte: ›Laß uns hingehen und anderen Göttern dienen!‹ – so willige nicht ein« (5. Mose 13,6). Das ist ein Satz aus einer alten Lebensordnung, aber er trifft genau unsere Situation heute. Wie viele haben eben in solchen Freundschaften, in solchen Intimbeziehungen, in solchen Gruppen sich überreden lassen. Nun, es geht dann oft gar nicht darum, anderen Göttern zu dienen, sondern manchmal darum, überhaupt dieses Thema als erledigt zu betrachten. Dabei merken einige gar nicht, wie sehr sie anderen Göttern dienen, die oft ziemlich zeitgemäße Namen und ziemlich zeitgemäße Tendenzen darstellen.

Da hat man also um des lieben Friedens willen – oder wie man das immer nennen mag – seine Überzeugung, in vielen Jahren gewachsen, hintenangestellt und langsam ausbluten lassen. Mancher wegen eines Freundes, der ihm lieb ist wie sein Leben, mancher wegen einer Frau in seinen Armen, um deretwillen er vergißt, was seinem Leben Substanz und Basis gegeben hat.

Jene Sätze werden ja nicht gesagt, um zu drohen. Sie beschreiben Wirklichkeit, aber eben eine lebensgefährdende. Eine, bei der ein Mensch sich von dem Ursprung seines Daseins, dem Quell seiner Kraft, der Hoffnung seines Lebens abschneidet.

Darum kann man eigentlich nur dazu ermutigen, daß mancher seiner Überzeugung lebendigen Ausdruck gibt und damit zeigt: Das gehört zu mir, ohne diesen Glauben kann ich nicht leben, kann ich dir auch nicht Freund sein und kann ich eigentlich das alles nicht mit dir zusammen teilen im Leben, was uns beide miteinander glücklich machen soll.

Darum möchte ich denen unter Ihnen, die hier besonders angesprochen sind, einen kleinen Anstoß geben: Tut doch um Gottes willen mal etwas Tapferes und sagt auch etwas Tapferes und versteckt nicht ständig eure Überzeugung, euren Glauben, eure Dankbarkeit gegen Gott. Es könnte ja auch sein, daß manches Mal ein Freund oder Partner, der nichts von dem allen weiß, merkt, daß da mehr dahintersteckt, und an uns und unserem Leben lernt, was gemeint ist, wenn ein Mensch sagt: Ich glaube an Gott!

Anfänger im Glauben

Wer unter uns hätte sich nicht schon einmal gewünscht, anders zu sein als er ist? Man möchte heraus aus den alten Gleisen. Und so kann es einem passieren, daß jemand zu einem kommt und sagt: »Wissen Sie, ich hab' das satt, nur so etwas wie ein ›Papier-Christ‹ zu sein. Sie verstehen, was ich meine? Ich möchte gerne richtig dazugehören. Ein ›echter‹ Christ sein!«

Denn so ist es doch: Eines Tages bedrängt einen die Einsicht, daß sich trotz Nachdenken über Gott und den Glauben nichts geändert hat, und man fragt sich: Warum bist du dir so gleich geblieben?

Dies ist nicht ein Einzelfall – heutzutage. Das Interesse an religiöser Erneuerung ist bei vielen unter uns wach geworden. Manche nehmen dabei gewaltige Veränderungen auf sich. Wenn wir an die Jugendreligionen denken – da riskieren jungen Menschen den Bruch mit dem Elternhaus, mit Freundeskreis und Berufsaussichten. Manche reisen nach Asien, andere unterwerfen sich bestimmten Autoritäten mit einem absoluten Gehorsam.

Sollte das »echte« Christentum etwa auch so anfangen? Hat also der Glaube mit strengen Gesetzen, mit schlechtem Gewissen, mit Lebensverneinung und mit einem totalen Anderssein zu tun? Oder persönlicher gefragt: Was muß ich Seltsames, Besonderes tun, damit ich ein solcher »echter« Christ werde, radikal erneuert?

Zu Jesus kam einmal jemand, der war interessiert an einem Fachgespräch. Entsprechend begann er auch wie jemand, der fragt: Was ich schon längst einmal wissen wollte ... Aber Jesus antwortete mit einem Ruf in die Entscheidung: »Ich sage dir, es sei denn, daß jemand von neuem geboren werde, so kann er das Reich Gottes nicht sehen.« Und da reagiert der Fragesteller erschrocken und aus dem Konzept gebracht: »Wie kann ein Mensch geboren werden, wenn er alt ist? Kann er auch wiederum in seiner Mutter Leib gehen und geboren werden? Also, das geht doch nicht; das kann doch kein Mensch.«

Jesus weitet das Bild aus: »Es sei denn, daß jemand geboren werde aus Wasser und Geist, so kann er nicht in das Reich Gottes kommen. Laß dich's nicht wundern, daß ich dir gesagt habe, ihr müßt von neuem geboren werden. Der Wind bläst, wo er will, und du hörst sein Sausen wohl, aber du weißt nicht, woher er kommt und wohin er fährt. So ist jeder, der aus dem Geist geboren ist« (Johannes 3,1–8).

In jenes Gespräch war die Antwort eingebettet. Erneuerung ist nicht von uns zu machen. Auch nicht, indem wir so etwas wie ein ausgeklügeltes Frömmigkeitssystem aufbauen. Wir haben uns daran gewöhnt: Wenn wir nur wollen und die richtige Leistung erbringen, dann muß dabei herauskommen, worauf wir zielen. Aber hier geht das nicht. Wiedergeburt, von neuem anfangen, das widerfährt einem. Das kann man nicht berechnen.

Aber was jetzt? Können wir denn gar nichts tun? Überhaupt nichts? Doch. Das schon. Wir können und wir müssen uns dem Wind aussetzen. Jesus hat den Heiligen Geist mit solch einem Sturmwind verglichen. Plötzlich, heftig und wild ist er da. Manchen erschreckt das. Darum birgt er sich lieber hinter seinen Behaglichkeiten mit dem Grundgefühl: Ich will meine Ruhe haben! Aber neuer Anfang und in Ruhe gelassen werden, das geht nicht zusammen. Also müssen wir uns schon dem Wind aussetzen. Wer seine Anker im Hafen wirft, hat die Segel gerafft; denn im Hafen, da in der Behaglichkeit, ist kaum Wind zu spüren. Wer also auf Wiedergeburt hofft, fährt – im Bild gesprochen – auf hohe See hinaus. Da bleibt ihm nichts anderes übrig, als auf Wind zu warten. Er macht diesen Wind nicht, denn der fährt, wohin er will.

Und da Gottes Termine nicht unsere Termine sind, werden wir geduldig sein müssen. Nicht wer die Segel setzt, hat schon den Wind – und mancher Sturm meint nur ein einziges Segel unter vielen, »denn er weht, wo er will, und bewegt, wen er will«.

Und wer weiß, vielleicht ist er heute unterwegs zu uns!

Eine Einladung

Ich möchte Ihnen eine Einladung weitergeben, von der niemand unter Ihnen ausgeschlossen sein soll. Es geht um die Einladung zum Abendmahl. Und ich möchte Ihnen gern Mut machen, dort hinzugehen.

Ich weiß nicht, wieviel Ihnen von den Einladungsworten Jesu gegenwärtig ist. Aber es braucht nur wenige, im Grunde nur zwei, die man behalten soll: »Für euch.« – »Mein Leib, für euch gegeben; mein Blut, für euch vergossen« (Markus 14,22–25). Mag es auch sonst noch genug Fragen geben, die Sie haben. Aber mit diesen beiden Wörtlein »für euch« ist eine Tür aufgestoßen. Denn im Abendmahl will sich Christus jedem ganz persönlich zuwenden. Er sagt: Jetzt ist alles wieder gut. Nichts trennt uns mehr, denn für deine ganze Schuld komme ich mit meinem Tod auf. Und mein ewiges Leben gehört jetzt dir, genauso sicher, wie der Bissen Brot und der Schluck Wein, die du bekommst, dir gehören.

Mancher mag meinen, er müsse hier etwas mitbringen, wie das eben bei Einladungen so üblich ist. Und da macht mancher unter uns sich seine Gedanken. Aber so ist es nicht, das ist nicht eine Sache von irgendwelchen Bedingungen. Sie müssen nicht ein besonderes Gefühl, einen Kopf, der verstanden hat, was das Abendmahl bedeutet, eine große Sehnsucht nach Gott mitbringen. Es kann sein, daß Sie das alles empfangen dort an seinem Tisch, aber mitbringen müssen Sie das nicht. Denn Christus lädt uns ja nicht ein, weil er etwas von uns haben will, sondern weil er viel besser weiß, als wir es je wissen können, daß wir ihn brauchen. Er sagt einfach: Komm, ich warte auf dich. Und dann kann man losgehen, zögernd vielleicht, auf dem Sprung, wieder umzukehren, aber eben nun doch unterwegs.

Es geht um das Geheimnis, daß der große Gott sich in unsere Hände gibt. So, als wolle er sagen: Du kannst mich annehmen – oder ablehnen. Aber wer wollte denn ablehnen, wo es um ein versöhntes Leben geht?

Da soll uns kein Zweifel hindern, am Tisch Gottes Platz zu nehmen. Denn das Abendmahl ist ja nicht so etwas wie die Krönung christlichen Lebenswandels. Es ist das Gnadenbrot für Verstörte, für Ausgelaugte, Resignierte, für Menschen voller Skrupel. Es ist wirklich kein Trauermahl für Hinterbliebene, sondern ein fröhliches Zusammenkommen. Weil das, was hier in dieser Einladung uns gegeben wird, hineinreicht in den Alltag. Denn Ohren, die gehört haben »für euch«, werden doch Stimmen des Unfriedens nicht mehr so ohne weiteres einlassen. Augen, die in Brot und Wein die Liebe Christi haben widerspiegeln sehen, verschließen sich nicht mehr vor der Welt. Ein Mund, der die Freundlichkeit Gottes geschmeckt hat, ist aufs neue der Wahrheit verbunden. Und Füße, die in dieser Gemeinschaft gestanden haben, können nicht mehr dort stehen, wo man dabei ist, Fronten des Hasses aufzurichten.

Sicher, jene zwei Worte »für euch« lassen uns verstummen. Denn es kommt nicht auf das an, was wir für Christus getan haben, sondern was er für uns tut. Für die Ängstlichen, für die Scheuen, die Zögernden, aber auch für die mit dem sicheren Auftreten und dem exklusiven christlichen Bewußtsein. Uns allen wird gesagt: »für euch« zur Vergebung eurer Sünden. Und wer will da noch aufrechnen, wer will da jetzt noch vergleichen?

Was uns bleibt, ist vielleicht die Bitte: Lieber Herr, mach mich frei von aller Angst und Unruhe.

Du bist da und siehst mich freundlich an. Ich danke dir dafür. Und du lädst mich ein, zu dir zu kommen. Daß du mich haben willst, darüber kann ich nicht genug staunen. Du weißt, was mich quält. Ich danke dir, daß du mir vergibst.

Und er sagt: »Wer zu mir kommt, den werde ich nicht hinausstoßen« (Johannes 6,37).

Komm, wir teilen

Die Frage ist wichtig, und sie wird immer wieder gestellt von Menschen, die darauf eine gewisse Antwort haben wollen. Es handelt sich um die Frage: Gibt es ein Leben nach dem Tod? Eine sehr wichtige Frage, und wir sollten sie nicht überhören. Aber sie sollte uns auch nicht so ausschließlich beschäftigen, daß wir darüber vergessen, daß es unter uns Menschen gibt, die fragen: Gibt es ein Leben vor dem Tod? Diese Frage ist nicht erfunden, und wenn wir sie selber noch nicht so gestellt haben, dann andere, die sozusagen das Ende ihres Lebens ständig vor Augen haben, ohne daß sie jemals einen Anfang richtig kennengelernt hätten. Es geht um die aus den Ländern der »Dritten Welt«, wie man so sagt, und das ist ja schon fast ein Schlüsselwort, das uns leicht über die Lippen geht. Darum muß man uns vielleicht schon schärfer kommen, fast ein wenig herb, sozusagen provozierend:

»Komm, wir teilen das Essen, mein Bruder,
komm, wir teilen, was wächst auf der Welt.
Fleisch für mich und Reis für dich.
Komm, wir teilen den Schmerz, mein Bruder,
die Schmerzen für dich, die Pillen für mich,
Komm, wir teilen die Welt, mein Bruder,

Schulen und Brücken, Straßen, Traktoren, Öl,
Büchereien und Flugzeugmotoren für mich
und ein letztes Eckchen,
wirklich ein nettes Eckchen für dich.
Und ein bißchen schlechtes Gewissen,
nur ein leichtes Zwacken
(und gar nicht sehr oft)
für mich.«

J. E. Stringfellow

Man kann sich dagegen aufbäumen, sicher. Man kann sagen. So ist es doch nicht. Aber vielleicht mahnt uns ein anderes Beispiel deutlicher.

Angenommen, wir können es sozusagen einmal in Gedanken durchspielen und den Lebensstil einer deutschen Durchschnittsfamilie auf den vermindern, den über eine Milliarde Menschen in den Hungerländern der Erde haben. Also, was wäre nötig?

»Entferne alle Möbel, außer ein paar alten Dekken, einem Küchentisch und einem Stuhl.

Nimm die gesamte Kleidung weg, außer dem ältesten Anzug oder Kleid für jedes Familienglied und je einem Hemd oder einer Bluse. Für das Familienoberhaupt laß ein paar Sandalen zurück. Leere die Speisekammer, den Kühlschrank und den Keller bis auf eine kleine Tüte Mehl, etwas Zucker und Salz, ein paar schimmlige Kartoffeln für das Abendbrot, eine Handvoll Zwiebeln und eine Schüssel trockener Bohnen. Dreh die Wasserzufuhr ab, entferne die elektrischen Leitungen.

Nimm das ganze Haus weg und ziehe mit der gesamten Verwandtschaft in einen Schuppen.

Entferne alle anderen Häuser in der Nachbarschaft und setze ein Elendsviertel an ihre Stelle – Hütten aus Kistendeckeln, Pappe, Plastikmaterial und Reklameschildern.

Kündige alle Abonnements bei Zeitungen und Buchclubs (dies ist kein großer Verlust, da unsere Familie jetzt aus Analphabeten besteht). Laß nur ein kleines Radio für das ganze Elendsviertel übrig. Verlege das nächste Krankenhaus und die ärztliche Betreuung 30 Kilometer weit weg. Wirf die Kontobücher, Aktien, Rentenunterlagen, Versicherungspolicen weg und laß der Familie einen Barbestand von DM 15,–.

Gib dem Familienoberhaupt drei Morgen Pachtland zur Bebauung. Darauf kann er Obst und Gemüse im Wert von DM 600,– pro Jahr anbauen; davon gehen mindestens ein Drittel (also DM 200,–) an den Landbesitzer und DM 60,– an den örtlichen Geldverleiher.« *Hans-Otto Hahn*

So also sähe die Umwelt einer deutschen Durchschnittsfamilie aus, lebte sie auf der untersten Stufe der menschlichen Leiter, wie die meisten in der Dritten Welt.

Kann man jetzt verstehen, daß Leute, die so dran sind, fragen: Gibt es ein Leben vor dem Tod?

Diese Frage hat aber auch mit der zu tun, die wir unter uns – eine wichtige Frage – stellen: Gibt es ein Leben nach dem Tod? Denn alles hängt für uns daran, wie Christus uns aufnehmen wird. Jener Christus, der gesagt hat: Was ihr getan habt einem unter diesen meinen geringsten Brüdern, das habt ihr mir getan.

Das gesündeste Wort der Welt

Gott ist dein Schatz, dein Erb und Teil,
dein Glanz und Freudenlicht,
dein Schirm und Schild, dein Hilf und Heil,
schafft Rat und läßt dich nicht.

Was kränkst du dich in deinem Sinn
und grämst dich Tag und Nacht?
Nimm deine Sorg und wirf sie hin
auf den, der dich gemacht.

Paul Gerhardt

Er läßt sein Angesicht leuchten über dir

Was ist das gesündeste Wort der Welt? Nun, das ist nicht eine Preisfrage, die ich Ihnen stellen möchte. Ich fand sie in einer alten Zeitschrift. Trotzdem gar nicht so ohne, diese Frage: »Was ist das gesündeste Wort der Welt?«

Ich will sie nicht länger auf die Folter spannen. Es besteht aus zwei Buchstaben. Sie kennen dieses Wort. Jeden Tag benutzen wir es – manchmal freilich viel zuwenig. Es heißt »Ja«. Eigentlich ist das wahr: »Ja«, das gesündeste Wort der Welt. Wenn wir das heute nicht nur einfach so dahinsagen, sondern mit beziehungsreichem Inhalt füllen könnten – was gäbe das für einen Tag! »Ja«, das gesündeste Wort. Zum Beispiel »Ja« sagen zu diesem Tag heute – auch wenn man denkt: Du hast schon bessere Tage gesehen als diesen!

Und »Ja« sagen zu mir selbst. Das ist mindestens so schwer, wie es zu den anderen zu sprechen. Aber »Ja« zu sich selbst, zu den Schwächen und Stärken – wieviel gelöstes, befreites und unbefangenes Leben gäbe das heute! Darum tut die Ermutigung jener Zeitschrift gut: »Denken Sie ›Ja‹, wenn Sie Ärger im Büro haben. ›Nein‹ macht Sie nur ärgerlicher und löst kein Problem.

Sagen Sie ›Ja‹ zu der ›Fünf‹ Ihres Kindes, zur verpaßten Straßenbahn, zum verregneten Urlaub. Mit ›Nein‹ können Sie nichts, aber auch gar nichts retten und wieder in Schuß bringen.

›Ja‹ ist Medizin, besser als flüssige und gepulverte. ›Ja‹ ist dauerhaft. Denn ›Ja‹ macht den Kreislauf heiter und das Herz fröhlich, die Sorgen kleiner, das Leben wärmer.

›Ja‹ sollen Sie tun, aber es ist schwer zu lernen. Wenn Sie es richtig können, sagen Sie es weiter.«

Darin steckt viel Wahrheit. Sicher, mancher wird sie mit Schmunzeln registriert haben. Es klingt ja auch ein bißchen trickreich und vielleicht sogar allzu einfach, also nur tauglich für die kleinen Unebenheiten des Alltags. Für die vielen kleinen »Nein«, die sich da trotzig erheben.

Manchmal sind einem so kleine Rezepte für den Alltag ganz recht. Wer da noch ein übriges tun will, der kann sich ja ein ganz dickes »Ja« an seine Küchenwand malen, oder ans Fenster, oder an den Kühlschrank. Vielleicht mit Lippenstift an den Spiegel – ein hübscher Gruß der Ehefrau an den Mann; wenn er sich rasiert, leuchtet ihm dieses »Ja« schon freundlich entgegen. Ein »Ja«, das wiederholen will, was man einmal am Altar zueinander vor Gott gesprochen hat.

Für mich hat dieses »Ja« freilich noch einen ganz anderen Zusammenhang. Ich möchte dort anknüpfen, von woher eine positive Einstellung zu diesem Tag, zu diesem Leben heute ihre eigentliche Kraft erfährt. Und da gibt es ein ganz bezeichnendes biblisches Wort: »Alle Verheißungen Gottes sind JA in Jesus Christus« (2. Korinther 1,20).

Das ist das entscheidende »Ja« und die Voraussetzung zu all jenen anderen »Ja«. Und es ist eigentlich nicht schöner zu beschreiben als in jenem Wort, das über uns ausgesprochen ist: »Der Herr segnet dich und behütet dich, der Herr läßt sein Angesicht leuchten über dir und ist dir gnädig, der Herr erhebt sein Angesicht auf dich und gibt dir Frieden« (4. Mose 6,24).

Gottes Segen, ein ganzes, ein volles, ein kraftvolles »Ja« Gottes zu Ihnen! Sie sollten es weitersagen mit Herz und Mund und Händen. »Ja?!«

Einer ist Halt des andern

Vor kurzem habe ich mit einigen jungen Leuten Lebensfragen diskutiert. Dabei haben wir uns auch mit der Frage beschäftigt: Warum brauche ich andere Menschen? Hier ein paar Antworten:

Ich brauche andere Menschen, weil ich sonst einsam bin, abstumpfe ..., verkümmere ..., menschlich veröde ..., weil ich sonst einfach nicht leben kann ..., weil ich ein sehr trostloses Leben führen müßte ..., an der Einsamkeit verzweifeln würde ..., kaputtgehen müßte ...

Gute, einsichtige Worte und Antworten. Eine ist mir besonders gegenwärtig: Ich brauche andere Menschen, weil ich den Halt verlieren würde, den einem andere Menschen geben können. Würden Sie dieser Antwort auch besonders zustimmen? Und wenn – kennen Sie jemanden, der Ihnen Halt geben kann? Und umgekehrt: Sind Sie jemand, bei dem ein anderer Halt findet?

Ich bin beim Bedenken dieser verschiedenen Antworten auf eine kleine Zeile aus der Bibel gestoßen: »Jonathan ging hin zu David und stärkte sein Vertrauen auf Gott« (1. Samuel 23,16). Eigentlich ist darin genau beschrieben, wie das ist mit dem Halt, den einer dem anderen geben kann. Denn es geht ja nicht nur darum, daß man ihm zunickt: »Kopf hoch!« »Es wird schon wieder besser werden!« »Nun laß dich doch nicht gleich unterkriegen!« »Nimm dich zusammen!« »Jeder ist mal down, das geht vorüber!«

Dies kennen wir ja. Und so reagieren wir auch oft genug, wenn wir merken, der Partner hängt durch, dem Freund geht's zur Zeit ziemlich gemischt. Aber braucht es nicht viel mehr? Ganz andere Worte, ganz andere Gedanken, eine ganz andere Zusprache?

Das fängt eigentlich damit an, daß einer hinsieht:

Dem, mit dem du teilst, ein Leben und Freundschaft, dem geht's nicht gut, der hat irgend etwas, der kommt nicht zurecht.

Jonathan wartet nicht, bis David zusammenbricht, sondern kommt dem zuvor.

»Man sieht nur mit dem Herzen gut, das Wesentliche ist für die Augen unsichtbar«, sagt darüber »Der kleine Prinz« von Exupéry. Mit solchen Augen sieht Jonathan den David, und er stärkt sein Vertrauen auf Gott.

Ich denke, genau daran fehlt es uns, wenn wir uns manchmal mehr Mut zu machen versuchen. Wir tun das nicht gründlich genug. Wir wagen es kaum zu sagen: Im Grunde fehlt es dir an Vertrauen zu Gott. Und darin möchte ich dir helfen. Das Vertrauen in das Leben wächst dann wie von selbst.

Aber wie macht man das: Jemandem sein Vertrauen auf Gott zu stärken? Das könnte damit anfangen, daß man zu ihm sagt: Vergiß nicht, was Gott dir Gutes getan hat. Du meinst, jetzt ist das alles anders. Du erlebst irgend etwas, was deinen Horizont so ausfüllt, daß hinter ihm alles bisherige Gottvertrauen zu verschwinden droht. Aber vergiß nicht, worin die eigentliche Kontinuität deines Lebens liegt.

Gott will doch nicht unsere Resignation. Er will – vielleicht kann man das so sagen – unseren tätigen Optimismus. Gerade der ist so etwas wie gelebter Glaube, verwirklichtes Gottvertrauen. Du meinst, jetzt kommt nichts anderes mehr nach. Du meinst, es bleibt jetzt so, wie es ist: irritiertes Leben und irritierter Glaube. Aber vertraue doch darauf gegen allen Augenschein, daß noch etwas kommt. Vertraue auf den, der dich nicht aufgibt. Sei gewiß, es ist mehr da, als du ahnst. Und es ist mehr für dich bereit, als du für möglich hältst.

Jesus Christus ist das Versprechen Gottes: Es wird

anders! Vielleicht, daß die Situation sich ändert, vielleicht, daß deine Beziehung, dein Verhältnis sich ändert. Aber es wird etwas anders. Wichtiges, Wesentliches ist zu dir unterwegs.

Jesus hat einmal gesagt: Ich bin gekommen, damit sie das Leben haben, und es in Fülle haben (Johannes 10,11). Damit kann einer zum anderen hingehen und sein Vertrauen in Gott stärken. Ob wir so miteinander reden? So, daß deutlich wird, ich brauche andere Menschen, weil ich sonst den Halt verlieren könnte, den einem andere Menschen geben können?!

Manchmal denke ich, Gott gewährt uns solche Menschen, wie David den Jonathan hatte und Sie vielleicht irgend jemanden, der Renate heißt, und Sie jemanden, der Jürgen heißt. Jedenfalls Menschen, die mit zu jenen guten Mächten gehören, die unser Leben umgeben:

»Von guten Mächten wunderbar geborgen,
erwarten wir getrost, was kommen mag.
Gott ist mit uns am Abend und am Morgen
und ganz gewiß an jedem neuen Tag.«

Dietrich Bonhoeffer

Das elfte Gebot

Jetzt, am frühen Morgen, wenn die Vögel schon vor sich hinpfeifen, hell und heiter in den Tag hinein, da könnte man sagen: Eigentlich singen sie einem Zuversicht zu. Ich weiß, wir sind Menschen, die ihre Kümmernisse haben, aber vielleicht sollten wir uns doch manches Mal auch ermutigen lassen. Auch diejenigen unter uns, die sozusagen nichts zu lachen haben.

Für alle diese und für viele andere fand ich einen

Satz, der hineinpaßt in die Unruhe, Enttäuschung und Müdigkeit. Er ist fast schon wie ein Gebot. Und manchmal ist er für mich selbst auch so etwas wie das elfte Gebot, weil er mir so unerhört wichtig zu sein scheint und auch einleuchtend: »Ich habe dir geboten, spricht Gott, daß du getrost und fröhlich seist« (Josua 1,9). Ist das nicht wirklich ein Satz für Sie?

Freilich, wen betrifft er? Und jetzt denke ich an diejenigen, die überhaupt keine Lust mehr haben, weder zum Arbeiten noch zum Leben. Nicht einfach, weil sie das Leben verachten, sondern weil es ihnen so mitgespielt hat, und sie denken: Ich will nicht mehr. Bei dem einen ist die Enttäuschung groß über die Freundin; oder die Frau ist plötzlich schwer erkrankt, und der Mann sagt: Mit dir von jetzt an nicht mehr! Und das sagt er ihr ins Gesicht. Oder da ist ein Vater, zu dem die Tochter sagt: Ich möchte mich endlich von euch befreien. Und sie tut das auf eine Weise, daß sie um sich schlägt, und zurück bleiben nur Verwundete. Jeder kennt solche Zeiten, bei jedem ist es anders und für jeden einzelnen schwer.

Aber nun der Satz: »Ich habe dir geboten, daß du getrost und fröhlich seist!« Wie ist das zu verstehen? Kann man denn das überhaupt, Freude befehlen? Freude am Leben?

Nun, nicht ich versuche hier, Ihnen ein bißchen Mut zufließen zu lassen; ich würde meine Möglichkeiten überschätzen, wenn ich mich mit diesem Ich dieses Satzes identifizierte. Das hat eine ganz andere Qualität, dieses Ich. Und dort, wo es gebietet, hat es auch Kraft, Umstände und Lebensklima zu verwandeln. Denn jener Satz geht ja so weiter: »... laß dir nicht grauen und entsetze dich nicht, denn ich, der Herr, dein Gott, bin mit dir in allem, was du tun wirst« (Josua 1,9). Das heißt doch, Gott ist mit auf unserem Weg, nicht ein Fremder, kein hereinschauender Besucher, der gleich wieder geht, sondern einer, der sich einmischt und der sich in unser Dasein verflechten läßt, so daß wir erfahren sollen, er ist zu uns unterwegs. Und es bleibt nicht immer alles so, wie es jetzt ist. Denn manches Mal benutzt Gott Menschen, um andere zu ermutigen. Eigentlich hätten wir heute miteinander diese schöne Aufgabe, dem anderen dieses Getrostsein und diese Freude zuzuwenden und uns damit im Dienst für den Menschen und im Dienst für Gott einsetzen zu lassen.

»Ich habe dir geboten, daß du getrost und fröhlich seist!« Diesen Satz muß man buchstabieren in den Situationen, in denen es darauf ankommt. Und ich glaube schon, Sie werden erfahren, wie die Situation und Ihre Einstellung dazu sich ändert und wie man mit einem anderen Blick an die Dinge herangeht, aber auch auf die Menschen zugeht.

In einem Wildwestfilm habe ich einmal gehört und gesehen, wie einer zum anderen sagte: »Mann, ich knipse dich aus!« – und das heißt ja: Dein Licht verlöscht. Aber man könnte es auch andersherum sagen, so wie junge Leute das heute manchmal sagen: »Ich mache dich an!« Und wenn man dann diesen Satz »Ich habe dir geboten, daß du getrost und fröhlich seist« einmal so umsetzt, dann könnte man auch sagen: »Gott macht mich an!«

Ein paar Bilder dazu: Eine Tür geht auf – Licht liegt über einem Tal – man kommt vom Dickicht auf einen Weg – Nebel lichten sich ...

Das »Ja« Gottes will auch das »Nein« zu uns selbst, das wir oft sprechen und erfahren müssen, umfangen und durchlässig machen für die Freude und für das »Ja« zum Leben!

Ich wünsche Ihnen, daß Sie sich so sehen und nicht vergessen: Der Mensch ist ein Licht. Hell, freundlich, wärmend!

Haben Sie Ihr Kind heute schon gelobt?

Man trifft manchmal auf einen Satz, der einem unter die Haut geht. Irgendwo an einer Plakatwand angeschrieben, oder mit ungelenken Händen an einen Bretterzaun fast ein bißchen hingeschmiert, oder auch im Rückfenster eines Autos. Da fährt man so hinterher, denkt sich nichts, achtet auf den Verkehr, und plötzlich fällt einem ein Satz in die Augen. So wie dieser zum Beispiel: »Haben Sie Ihr Kind heute schon gelobt?« Man schaut einmal hin, guckt nochmals und fragt sich: Tatsächlich, hast du das heute schon getan!?

Wem unter Ihnen fällt nicht dabei ein, was man versäumt hat. Gestern zum Beispiel, da hat man geschimpft: »Schon wieder hast du den Mülleimer nicht nach unten getragen.« Und man hat es vergessen, daß er es fünfmal getan hat, der Sohn, die Tochter, und man nichts dazu gesagt hat. So ist das nun mal, leider! Mit dem Tadel sind wir ziemlich schnell dabei, aber unsere Kinder loben?

Das verzärtelt sie nur, meinen Sie? Das macht sie unfähig für den Lebenskampf? Nun, ich entdecke viel mehr Menschen, die darum unfähig sind, weil sie zu wenig Stabilität gewonnen haben in ihrem aufblühenden, erwachenden Leben. Jeder Mensch braucht eine gewisse Sicherheit, und woher soll er sie sonst nehmen, wenn nicht von daher, daß ihm ab und zu gesagt wird: »Das ist gut, was du machst!« Und das sollte natürlich nicht mit falschem Zungenschlag geschehen oder in irgendeiner Lobhudelei enden. Unsere Kinder bemerken den falschen Ton. Aber wirklich loben? Das Wort hängt ja eng zusammen mit Lieben und noch enger mit Leben.

Und weil sich mancher schwertut mit der Sprache auf diesem Gebiet – vielleicht kann man manchmal seinem Sohn oder der Tochter durch ein zärtliches Kraulen im Haar, oder indem man den Arm um sie legt, zeigen: »Ich finde das prima, wie du das gemacht hast ...«

Ich habe einmal davon gelesen, daß in der Lehrerausbildung junge Erzieher ermuntert worden sind, den Eltern ab und zu eine Nachricht zu schicken, in der ihr Kind für etwas gelobt wird. Das wäre doch etwas! Wenn es eben ab und zu einmal nicht nach den Zensuren geht, sondern eine Lehrerin den Eltern schreibt: Ihr Kind hat in der Klasse einem Mitschüler außerordentlich geholfen durch sein Verständnis und durch solidarisches Verhalten.

Ich kenne einen kleinen Kerl, der schon gar nicht mehr hin wollte zur Schule, und doch wieder Mut faßte, als er ein Sternchen bekam vom Lehrer. Wieviel wird bewirkt auf diesem Gebiet durch ganz kleine Gesten!

Wir sollten heute einmal mit einem anderen Augenmaß auf unsere Kinder zugehen, so daß wir uns nicht nur fragen lassen »Haben Sie Ihr Kind heute schon gelobt?«, sondern uns selbst fragen: »Wann werde ich es heute loben?«

Sie könnten nun zurückfragen: Und wer lobt mich? Es geht ja nicht nur um die Kinder. Wer seine Arbeit Tag um Tag, oft mit viel Routine, aber doch auch mit manchem Impuls und mit manchem Engagement tut, der würde sich auch freuen, wenn der Chef, der Meister das einmal erkennt und anerkennt. Abends, irgendwann, wenn wir den Tag bedenken, müßten wir eine positive Antwort geben können auf die Frage: Haben Sie Ihren Mitarbeiter heute schon gelobt, Ihren Lehrling? Und noch mehr: Haben Sie Ihren Mann, Ihre Frau heute gelobt?

Loben hat aufschließende Kraft. Da wird wieder etwas hervorgelockt, das unter vielen Krusten einzugehen drohte. Der Apostel Paulus hat das geradezu als eine christliche Tugend beschrieben, wenn er im Philipperbrief sagt: »... was wohllautet, ist etwa eine Tugend, ist etwa ein Lob – dem denket nach« (Philipper 4,8). Ja, nicht nur nachdenken, man kann sogar vorausdenken, so daß wir uns heute vornehmen, Liebe zu zeigen, indem wir loben und damit zum Leben ermutigen.

Sich selbst kennenlernen

Manchmal stellt man sich die Frage: Was weiß ich eigentlich von mir selbst? Genug, um zu staunen, oder genug, um zu erschrecken? Dabei haben wir doch den Wunsch, uns kennenzulernen, aber zugleich fürchten wir uns davor. Wir haben ein Bild von uns, das sollte nicht zerstört werden.

Nun sagt man zwar, wenn man sich selbst unter die Lupe nehme, sich selbst beobachte, das könne ziemlich aufreibend sein, denn man meint nach langem Insichgehen: So also bist du! Aber dann entdeckt man auch plötzlich die Wahrheit des Satzes: »Wer sich selbst betrachtet, macht sich anders, als er ist« (Paul Claudel).

Tatsächlich, so ist es. Entweder schönt man sich, oder man verzerrt sich selbst bis zur Fratze. Irgendwie machen wir uns anders, als wir sind. So bleibt jeder sich selbst im Grunde ein Geheimnis. Und wenn man das radikal lüften will, endet man schnell in Ratlosigkeit und Verwirrung. Denn hinter jeder Rolle, die wir aufdecken, verbirgt sich eine neue. Und auf was sind wir da nicht alles angelegt!

Der, der wir sind, und der, der wir gerne sein möchten, stehen dauernd im Widerstreit. Und welche Seite wir selbst auch mehr mögen, immer zeigen wir uns anders. Sind wir also vor uns selbst jemand, der sich bei genauem Beobachten eben doch durch die Finger witscht, weil wir viel zu raffiniert, viel zu glatt angelegt sind? Und bleibt es dann bei der Wahrheit Friedrich Nietzsches: »Niemand ist sich selbst so fremd wie er selbst.«?

Vielleicht wollen wir zuviel, wenn wir uns ganz kennenlernen möchten. Und es ist ein unerfüllbarer Traum, alles über sich selbst wissen zu wollen. Das kann zu einem Weg werden, der von einem Unbehagen zum anderen führt. Immer bleibt etwas Unauflösliches dabei. Darum warnt Franz von Sales: »Der Geist Gottes kann unmöglich in einem Menschen wohnen, der zu viel von dem wissen will, was in ihm vorgeht.«

Sicher, man wird sich über sich selbst Gedanken machen. Aber irgendwo geht es darum, Respekt zu bewahren vor dem, was das Geheimnis unserer Person ausmacht. Ein Geheimnis, das der Apostel Paulus einmal in dem Satz zusammenfaßt:

»Jetzt erkenne ich es stückweise. Dann aber werde ich erkennen, wie ich von Gott erkannt bin« (1. Korinther 13,12).

Wir sind also immer noch unterwegs, noch gar nicht fertig. Alle Selbstbetrachtungen führen leicht in eine Sackgasse, weil das, was wir heute sind – oder zu sein meinen –, uns gefangennimmt. Das, was Gott morgen in uns wachrufen kann, werden wir nicht finden. Wir sollen ein Ich werden nach einem Entwurf, den Gott allein kennt und den er von Tag zu Tag weiter entfaltet. Paul Tournier hat dafür einmal ein schönes Bild gewählt: Unser Leben ist vergleichbar einer Partitur, die Gott komponiert hat. Die Person ist der Dirigent, der diese Partitur zum Klingen bringt, indem er das Orchester, das heißt unseren Leib und unsere Seele, leitet. Der Komponist, also

Gott, ist jedoch auch dabei, wenn die Partitur gespielt wird. Er neigt sich zum Dirigenten, also zum Menschen, und spricht ihm Mut zu; er flüstert ihm ins Ohr; er gibt ihm seine Absichten zu verstehen und hilft ihm dabei, sie auszuführen.

Ich wünsche Ihnen, daß Sie heute Ihre Partitur, also wonach Sie komponiert sind, gut spielen!

Wer bin ich?

Der Mensch, der »erste Freigelassene der Schöpfung«, hat in den Jahren seiner Entwicklung immer höher von sich denken gelernt und dabei allerlei großzügige Selbstaussagen formuliert. Aber inzwischen haben uns manche Wissenschaftler anderes gelehrt.

Kopernikus hat uns gezeigt, daß wir nicht der Mittelpunkt der Welt sind. Freud, der große Psychoanalytiker, hat uns unser Innenleben aufgedeckt und nachgewiesen, daß unser Ich gar nicht so Herr im Hause unseres Lebens ist. Allerlei Kräfte und unbewußte Schichten sind mit im Spiel, so daß wir heute sehr unterschiedlich über uns denken und urteilen, aber darum gerade besser verstehen, was eine alte Geschichte über uns erzählt.

Sie berichtet von einem Einsiedler. Der klagte oft, daß er so viel zu tun habe. Darüber wunderten sich die Leute, und sie fragten ihn, was denn das eigentlich wäre. Er erklärte es:

»Ich habe zwei Falken zu zähmen, zwei Sperber abzurichten, zwei Hasen aufzuhalten, eine Schlange zu behüten, einen Esel zu beladen, Pferde zu satteln und einen Löwen zu bändigen.«

»Nun ja«, sagten die Leute, »das ist allerdings viel; da ist die Zeit ausgefüllt. Aber wo ist denn die ganze

Menagerie? Wo sind die Tiere, von denen du da redest? Wir sehen doch nichts davon.«

Da erzählte der Einsiedler auf eine Weise von diesen Tieren, daß sie ihn alle verstanden. Denn solche hatten sie zu Hause auch. Übrigens: wir auch.

Die zwei Falken, das sind unsere Augen, die sich auf alles stürzen, manchmal zu Stielaugen werden und sich da und dort festkrallen. Es ist oft schwierig, sie zu zähmen.

Und die zwei Sperber? Diese Greif-Vögel? Das sind unsere Hände, die zupacken. Und was sie einmal haben, das lassen sie nicht wieder los. Manchmal geraten sie auch außer Kontrolle. Dabei könnten sie etwas anderes tun: Sie könnten streicheln, lindern, helfen, loslassen.

Und die zwei Hasen, die wir aufzuhalten haben? Manchmal schwierig genug – unsere Füße, die mit uns auf und davon gehen, dahin und dorthin, Haken schlagen, uns unstet machen.

Am schwersten ist die Schlange zu zähmen, die hinter dem Gehege unserer Zähne: die Zunge. Einer hat einmal gesagt: »32 Zähne sind machtlos gegen eine Zunge!« Nicht umsonst spricht man so manches Mal von »Doppelzüngigkeit«. Aber diese Zunge kann auch trösten, Gutes sagen.

Und dann ist ein Esel zu beladen: unser Körper. Wie oft gleicht er einem solchen Tier. Ist er überlastet, wehrt er sich, schlägt aus, macht nicht mehr mit, ist »störrisch wie ein Esel«. Und dabei brauchen wir ihn.

Und dann gilt es noch einen Löwen zu bändigen. Vom Löwen sagt man, er sei der König der Tiere – so wie das Herz die Zentrale der Macht ist, Sitz für großen Mut, aber auch Keimzelle des Hasses und der Rache. »Das Herz – ein trotzig und verzagt Ding.« Aber es kann auch großherzig sein.

Wir werden heute, obwohl uns niemand diese Menagerie ansieht, genug zu tun haben, mit ihr fertig zu werden.

Warum bist du nicht du selbst gewesen?

Schon immer hat es die Sehnsucht gegeben unter uns, anders zu sein als wir sind. Wie oft sagen wir: So wie der möchte ich sein, so eine Natur haben, so eine Gesundheit; so viel Anerkennung und Erfolg wie der! Die Sehnsucht danach, anders zu sein, kann dazu führen, daß man sich selbst verfehlt. Dazu eine kleine Story.

Ein alter Rabbiner mit Namen Sussja sagte: »Wenn ich einmal drüben auf der anderen Seite ankomme, wird man mich nicht fragen: Warum bist du nicht Moses gewesen? Man wird fragen: Warum bist du nicht Sussja gewesen?«

Ein nachdenkenswerter Satz: Warum bist du nicht du selbst gewesen?

Manchmal haben wir das Gefühl, es ist zu wenig los mit uns. Da ist nicht genug entwickelt. Wir meinen, wir wären zu schlecht weggekommen bei der Verteilung der verschiedenen Gaben, die ein menschliches Leben reich machen können.

Dabei hängt alles davon ab, daß wir zu uns selbst finden. Nicht umsonst spricht man heute von der Identitätskrise des Menschen. Also von einer Krise in sich selbst. Wir wären so gerne etwas anderes als wir sind. Und was kommt dabei heraus? Sozusagen ein Fremdkörperleben.

Wie macht man das, man selbst zu sein? Es gibt doch auch eine mißverstandene Treue zu sich selbst. Wenn etwa einer zu dem anderen sagt: »Du mußt mich eben so nehmen, wie ich bin, ich kann mich nicht ändern.« – Ich meine, wenn man so spricht, ist man eher der Gefangene seines Ich, aber nicht der Mensch, der zu sich selber gefunden hat. Einer, der sich so annimmt, wie Gott ihn gewollt hat.

Nun höre ich schon den Einwand: Und wie hat Gott mich gewollt?

Ich finde einen kleinen Dialog in der Bibel dafür sehr aufschlußreich. Da fragt einer angesichts seiner großen Aufgabe: »Wer bin ich?« Und Gott antwortet ihm: »Ich will mit dir sein« (2. Mose 3,11.12). Das ist eine überraschende Antwort auf die Frage: Wie hat Gott mich gewollt? Wer bin ich? Darin liegt eigentlich das Geheimnis unseres Lebens. Darin, daß wir offenbleiben für diese Zusage. Alles ist darauf angelegt, daß wir nicht immer dieselben bleiben müssen, die wir sind, sondern Menschen, die sich ändern lassen. Zum Beispiel, daß Verschlossene sich öffnen, Unzufriedene ihre Grenzen anerkennen. Und wer sich als einen verdrießlichen Zeitgenossen kennt, kann vielleicht Dankbarkeit lernen. Und warum sollten Gleichgültige nicht einmal herausfinden und einen Schritt zur Hingabe tun? Und manche, die so vieldeutig erscheinen, verborgen oft hinter Masken, können den Mut finden, klar und einfach so zu leben, wie sie sind.

Ja, man kann das noch fortsetzen. Zum Beispiel kann der, der für alles Entschuldigungen braucht, ehrlicher werden. Der sich immer und immer an etwas und an jemandem festklammert, kann loslassen. Der Mann mit dem Stehvermögen des Erfolgreichen, der so aussieht, als brauche er niemanden, bemüht sich um ein Gespräch. Der, der immer gewohnt ist, sich durchzusetzen, sucht nach Gelegenheiten, in denen er Frieden stiften kann. Der Mensch mit dem großen Können und dem großen Wissen wandelt sich in den Liebenden. Der gewöhnt ist, alles selber zu tun, kann plötzlich zuschauen und andere etwas tun lassen, ohne sich selbst dabei zum Maß zu machen.

Denn die Zusage Gottes: »Ich will mit dir sein!« läßt auch auf Veränderungen bei uns hoffen. Eben weil er uns frei machen will von dem, was wir aus uns machen wollen, zu dem, was er aus uns machen will. Und das gibt sicher immer Überraschungen – auch heute.

Gott schuf den Menschen zu seinem Bild

Ein kleines Gespräch zwischen einem Vater und seinem Kind verlief etwa so: »Was tust du denn da?« fragt der Vater. »Ha, ich male, Vater, das siehst du doch.« »Was malst du denn?« – »Ein Bild Gottes.« – »Aber das weiß doch niemand, wie der aussieht«, sagt der Vater. »Das wird sich geändert haben«, sagt das Kind, »wenn mein Bild von ihm fertig ist.«

Ein kleiner Mensch und ein großes Wort. Aber so ein Kind sagt das, was mancher von sich und seiner Umwelt denken wird. Wir sind da alle stark und groß im Entwerfen von Weltbildern und Zukunftsvorstellungen. Groß sind wir auch darin, Bilder von Menschen zu entwerfen. Es ist doch eigentümlich: Wir malen sie so, daß wir sie dabei über- oder unterschätzen. Und wenn wir dann in die humanwissenschaftliche Literatur hineinschauen, haben wir das Gefühl: Der Mensch ist nur irgendwo Zahl in der Statistik, Rädchen in der Maschine, Instrument des Tages, eine chemische Verbindung, und oft heißt es heute: Der Mensch ist der Wolf des Menschen. Oder wie ein Buchtitel sagt: »Der Mensch – ein Irrläufer der Evolution?«, ein Mißgeschick der biologischen Entwicklung.

Wie sieht man aus, wenn man immer wieder solche

und ähnliche Spiegel vorgehalten bekommt? Muß man da nicht langsam verdrossen werden oder sagen: Ich möchte damit nichts mehr zu tun haben!? Vielleicht könnte uns eine alte Geschichte helfen, Antwort auf die Frage nach dem Wesen des Menschen zu finden, die von der Erschaffung des Menschen erzählt; denn gegen alles das, was da so über uns gesagt wird, und bei dem oftmals kein gutes Haar an uns gelassen wird, steht der unglaubliche Satz: »Gott schuf den Menschen zu seinem Bild« (1. Mose 1,27).

Nun mag man da eine Fülle von Einwänden haben, und manchmal sind sie ja auch begründet. Aber hier lernt man endlich mal wieder, »Ja« zu sich selber zu sagen. Aus dem Bewußtsein heraus: Du bist gewollt. Auch wenn wir fragen: Ist denn da etwas zu merken von der Gott-Ebenbildlichkeit des Menschen? – es bleibt doch bei dieser überraschenden Aussage. Und sie steht gegen allen Augenschein und gegen die Erfahrung, die uns nach unten transportieren will. Gott schuf den Menschen zu seinem Bilde! Das heißt doch: Der Mensch ist die Position Gottes in dieser Welt. Er ist bejaht, gewollt, geliebt. Für mich gibt es daher keine ganz gottlosen Menschen und keine gottlose Welt mehr. Gottes Bild ist ja da. Menschen sind da, Sie, ich, wir. Nicht, daß wir so etwas wie eine Kopie Gottes wären, sozusagen sein Konterfei. Und von göttlichen Eigenschaften ..., na ja, darüber brauchen wir gar nicht zu reden. Da sind auch uns die Worte vergangen. Aber da ist etwas auf uns gelegt und in uns hineingegeben, das unser Leben eindeutig aufwertet. Jedenfalls sollte das eine gute Nachricht sein für uns.

Der Blick auf den Kosmos, auf die inzwischen so weit erschlossene Welt hat uns oft zu einer Winzigkeit degradiert. Aber der Blick auf Gott degradiert nicht, denn der, der sagt: »Du, mein Bild«, der wertet uns auf! Ein Bild ist nicht nur Wiedergabe eines Motivs, sondern es soll motivieren. Auch wenn jemand entgegnet: Du vergißt die Wirklichkeit, die Realität. Aber wenn wir schon unsere Sorgen und Ängste darum haben, wie es ausgehen soll mit uns, dann sollten wir solch eine Beschreibung doch wenigstens stehenlassen: Ein Versprechen steht über uns: »Es soll gut ausgehen mit uns.«

Das wünsche ich Ihnen jedenfalls auch heute, daß es gut ausgehen wird mit Ihnen.

»Gott schuf den Menschen zu seinem Bild!« – Sie, mich, uns, Leute neben uns. Ja, das ist doch schon viel.

Der »große Bruder«, der nichts vergißt

Bei allem Respekt vor unserem technischen Fortschritt ist's einem doch manchmal ein wenig blümerant zumute, wenn man plötzlich merkt, was dabei alles mit auf dem Spiel steht. Ich denke da zum Beispiel an die Erfindung der Computer, die für eine Industriegesellschaft unentbehrlich sind. Denn in manchen Bereichen wird man ohne elektronische Datenverarbeitung kaum noch zurechtkommen.

Aber schon vor Jahren hat ein Amerikaner gewarnt: Ein »großer Bruder mit einem muffigen Interesse für unsere Trinkgewohnheiten und andere private Aspekte unseres Lebens wächst heran«. Der Computer als der große Bruder. Und wir denken dabei an das Buch »1984« von George Orwell. Computer arbeiten mit Lichtgeschwindigkeit, sind unbestechlich, vergessen nichts und irren sich nie. Es sei denn, sie sind falsch programmiert. Das heißt mit anderen Worten: So ein Computer macht irgendeine Bürokratie allwissend, fast allmächtig; nichts bleibt ungespeichert, nichts wird vergessen oder verloren, nichts wird verziehen. Da kann man also sozusagen per Knopfdruck irgendwo die Vorstrafen eines Menschen abrufen, seine Krankheiten, seine Altersversorgung, Parteizugehörigkeit, Verdienst, Steuer, Schulden, Alimente, alles ist gespeichert.

Und wenn man daran denkt, wie so ein zentraler Computer das Herz eines Überwachungssystems werden könnte, dann kann man nur noch schwer träumen. Die ersten Anfänge einer solchen perfekten Überwachung hat man in den USA schon entdeckt. Lektüre-Überprüfung nennt man das. Dabei werden die von bestimmten Personen aus Bibliotheken ausgeliehenen Buchtitel gespeichert. Und wer Bücher von bestimmten Leuten, die als nicht allgemein akzeptabel gelten, liest, ist zumindest verdächtig.

Wenn Menschen bisher einander etwas angetan hatten, dann konnte es passieren, daß sie nach langer Zeit vergaßen, sie konnten sich irgendwann einmal wieder unbefangen begegnen. Ein Computer vergißt nie, was einmal in ihn eingegeben wurde. Und das kann dann so aussehen wie bei einem Rekruten in den USA, dem Land, von dem wir ja sozusagen alles kriegen, wenn auch Jahre später. Der wurde von einem bestimmten Truppenteil abgewiesen, weil er nach der Computer-Auskunft eine »kriminelle Vergangenheit« hatte. Dann hat man nachgeforscht, denn er war sich da überhaupt keiner Schuld bewußt. Und dann stellte sich heraus, daß das betreffende Vergehen ein im Alter von zehn Jahren verübter Ladendiebstahl gewesen war.

Wenn unser Leben auf diese Art und Weise gespeichert wird, daß nichts vergessen, nichts verloren, nichts verziehen wird, ist das nicht, als wäre nun das menschenfeindlichste Instrument damit unter uns erfunden? Wir sind die großen Zauberlehrlinge, die die Geister riefen, die sie jetzt nicht wieder loswerden.

Es geht uns langsam auf, daß da irgend etwas falsch sein könnte in unseren Überlegungen und unserer Wissenschaftsgläubigkeit. Da gab es aber Menschen in den letzten Jahren, die haben genau dies bestritten und haben gesagt, der Glaube an Gott sei nicht mehr nötig, seit der Mensch die großen wissenschaftlichen Entdeckungen und Erfindungen gemacht habe. Was haben wir dafür eingetauscht? Manchmal waren wir auch erschrocken, wenn wir vom allmächtigen Gott geredet haben. Aber von Gott heißt es auch, daß er vergißt und verzeiht und daß man ihn darum bitten darf. Der König Hiskia sagt in seinem Dankgebet für seine Genesung:

»Du wirfst alle meine Sünden hinter dich zurück« (Jesaja 38,17). Nach der Bibel dürfen wir leben in der Gewißheit: Die Schuld, alles das, was einen im Leben zerstören wollte, vielleicht auch manchmal zerstört hat, ist von Gott aus dem Blickfeld geräumt. Wenn Jesus zu Menschen sagte: Dir sind deine Sünden vergeben, dann sind sie aufgestanden und konnten davonspringen mit dem neuen Anfang, der ihnen gewährt war und der wirklich nicht ständig eine Vergangenheit gegenwärtig machte, die diesen Schritt lähmte. Gott hat uns mit der Gnade der Vergebung in eine menschliche und freundliche Welt gestellt. Wir sollten sie uns nicht kaputtmachen, indem wir uns ausliefern an das gnadenlose, starre System einer Elektronik, die aus originellen Menschen nur noch Nummern macht.

Nicht mehr Nummer, sondern Name

Hier möchte ich einmal die besonders ansprechen, die ein Kind bekommen haben oder ein Kind erwarten. Da mag es ja oft aufregend zugehen. Wir haben auch vier Kinder, und ich habe nicht vergessen, wie das jedes Mal war. Aber davon will ich hier nicht reden. Ich möchte lieber Ihre Gedanken ein bißchen vorausrichten oder in einen Zusammenhang bringen, wohin sie mehr oder weniger schon unterwegs sind: Wie wird's unserem Kind ergehen? Da mag mancher offen sein für Worte wie folgende:

»Kind, du bist uns anvertraut.
Wozu werden wir dich bringen?
Wenn du deine Wege gehst,
wessen Lieder wirst du singen?
Welche Worte wirst du sagen
und an welches Ziel dich wagen?
Kampf und Krieg zerreißt die Welt,
einer drückt den andern nieder.
Dabei zählen Macht und Geld,
Klugheit und gesunde Glieder.
Mut und Freiheit, das sind Gaben,
die wir bitter nötig haben.«

In so ein paar Worten ist eigentlich alles drin: unsere Angst um unsere Kinder, wieviel wir für sie tun möchten und wie wenig wir im Grunde genommen tun können.

Haben Sie eigentlich schon eingeplant, ihr Kind taufen zu lassen, oder ist es für Sie eine längst beschlossene Sache, es nicht zu tun? Mancher weiß ja nicht einmal recht, was er davon halten soll. Bedenken Sie einmal nur eines: Wenn Ihr Kind geboren wird, heutzutage ja meistens in einer Klinik, wird eine kleine Nummer auf ein Pflästerchen geschrieben und dem Kind dann irgendwo angeklebt. Man soll es nicht verwechseln. Taufe, das ist wie der Übergang von einer Nummer zu einem Namen. Wer einen Namen gibt, und es sind doch die Eltern, die ihn ausgesucht haben, will damit zum Ausdruck bringen: Du gehörst zu uns, wir haben dich lieb. So ist auch Gott. Er sagt: »Ich habe dich bei deinem Namen gerufen, und ich werde dich in Ewigkeit nicht vergessen« (Jesaja 43,1).

Da denken wir Eltern oft genug besorgt: Was geben wir unseren Kindern mit? Gott hat sich längst entschieden, was er ihnen mitgibt: Gewißheit gegen die Unsicherheit, Zuversicht gegen die Angst, Lebensmut gegen die Resignation. Sein Ja gegen die vielen Nein, die jedes Kind in seinem Leben erfahren muß. Es ist ja schlimm genug, dieses Nein, das unseren Kindern aus der Umwelt begegnet, so daß man erschrocken sein kann.

Vor ein paar Tagen konnte man in einer großen Wochenzeitung lesen, daß viele Eltern nicht noch einmal Kinder in die Welt setzen würden, wenn sie gewußt hätten, welch eine kinderfeindliche Umwelt denen bevorsteht. Dabei sollte es ganz anders sein. So wie jene Verse weitergehen:

»Freunde wollen wir dir sein,
sollst des Friedens Brücken bauen.
Denke nicht, du stehst allein;
kannst der Macht der Liebe trauen.
Taufen dich in Jesu Namen.
Er ist unsere Hoffnung. Amen.«

Geboren werden, das ist die Chance eines Beginnens, eines großen Anfangs, dem viele kleine Anfänge folgen. Und wenn bisher scheinbar nur von denen die Rede war, die ein Kind anvertraut bekommen haben, ist im Grunde doch von uns allen die Rede bei dem Stichwort: Geburt. Denn, so Erich Fromm: »Geburt ist nicht ein augenblickliches Ereignis, sondern ein dauernder Vorgang. Das Ziel des Lebens ist es, ganz geboren zu werden, und es ist eine Tragödie, daß die meisten von uns sterben, bevor sie ganz geboren sind.«

Ein geheimnisvolles Wort. Aber eins, das uns daran erinnert, wie wir unterwegs sind. Denn das verbindet uns, die Erwachsenen, ganz gleich welchen Alters, mit diesen ganz Kleinen, die demnächst getauft werden: daß unser Name für immer geschrieben steht im Buch des Lebens, gleichsam in die Handfläche Gottes gezeichnet, unverlierbar, unzerstörbar, für immer behütet.

Herzlichen Glückwunsch allen, die sich eines solchen Geschenks Gottes erfreuen und daran ablesen können: Gott gibt unsere Welt nicht auf. Kinder sind fast so etwas wie ein Unterpfand seiner schöpferischen Kraft und Liebe.

Erziehung – was ist das?

Von Winston Churchill stammt der Satz: »Es ist einfacher, eine Nation zu regieren, als vier Kinder zu erziehen.« Das könnte ich bestätigen, denn wir haben vier Kinder. Vielleicht ist es aber für uns Eltern heute besonders schwer, weil unsere Zeit ja nicht gerade zum Erziehen ermutigt. Manchmal wird ja fast behauptet, daß man verdummt, wenn man sich viel und hauptsächlich mit Kindern beschäftigt und nicht an seine Selbstverwirklichung denkt. Aber wir haben es auch aus einem anderen Grund schwer. Die Welt, in der sich unsere Kinder bewähren müssen, kennen wir nur in Umrissen. Manches von dem, was uns geprägt hat, wird für unsere Kinder nur noch in geringem Maße bedeutsam sein. Trotzdem, ohne Erziehung geht es nicht. Wie sagt schon Hans Carossa: »Das Gras kann ohne Stützen gedeihen, der Weinstock nicht.«

Ja, so schöne Worte und dann eine Wirklichkeit, die uns manchmal aus den Händen gleitet. Sicher, man kann keine Patentrezepte liefern. Aber eins ist wahr: Erziehung ohne Vorbild geht nicht. Und wenn wir schon dabei sind, darüber ein paar Überlegungen anzustellen: Erziehung ist nicht Blitz und Donner, nicht Wolkenbruch und Hagelschlag, sondern sanfter, eindringlicher Landregen und warmer Sonnenschein. Erziehen ist nicht nachlaufen, sondern vorangehen, nicht anbinden, sondern stützen.

Nun geht es mir hier um das, was man »christliche Erziehung« nennt. Und das ist wahrscheinlich noch um eine Spur schwieriger. Manches Elternpaar hat hier längst aufgegeben. »Diesen Punkt«, und damit sind religiöse Fragen gemeint, »berühre ich nicht mehr«, heißt es da. Und warum? Warum aufgegeben?

Da sagen Eltern: So gläubig sind wir gar nicht, daß wir unsere Kinder zum Glauben erziehen können. Aber Sicherheit im Glauben ist keine Voraussetzung für christliche Erziehung. Jeder unter uns weiß doch, wieviel Prozessen man in Fragen des Glaubens unterliegt. Da gibt es Zeiten, da habe ich geglaubt, und da gibt es Zeiten, da habe ich Schwierigkeiten, und ich weiß nicht, wie es morgen sein wird. Das nicht zu verbergen, sondern seine Kinder daran zu beteiligen, das wäre etwas ganz Wichtiges. Sie merken: Das Glauben der Eltern ist nicht etwas, was auf dem Boden einer unanfechtbaren Position geschieht, sondern es geschieht aus einer großen Armut heraus und aus viel Hilflosigkeit, aber auch aus Hoffnung. Dieses vor den Kindern zuzugeben, zum Ausdruck zu bringen, daß die Bibel eine Fülle von Wahrheiten hat, die sich auch uns erst im Laufe der Zeit aufgeschlossen haben, kann bedeuten: Wir sind gemeinsam unterwegs von einer Stufe des Verständnisses zur anderen. Jesus hat im Umgang mit Menschen nie gefragt: Glaubst du alles, was da steht?, sondern er hat gefragt: Glaubst du, daß ich der bin, der dir helfen kann? Das war das Entscheidende. Nicht die Summe von Dogmatiken, sondern die Beziehung zu diesem Mann in der Mitte der Geschichte unseres Glaubens, die macht es.

Weil es im Glauben um Vertrauen geht, darum ist es wichtig, frühzeitig in unseren Kindern Vertrauen zu wecken. Vertrauen zunächst zu den Eltern und dann zu einem weiteren Kreis von Menschen, dann aber auch zu sich selbst. Die verwegenste Form des Vertrauens ist das Vertrauen auf den, den man nie sieht und an den man sich doch halten kann.

Ich meine sogar, daß dies heute eine jener Stabilitätszonen ist, von denen im Buch »Der Zukunftsschock« gesprochen wird, also eine jener Zonen, die uns hilft, in der heutigen, sich ständig verändernden Welt die Balance zu halten. Es ist ein gutes Wort: Stabilitätszone. Ein Lebensbereich, der unveränderlich ist. Mit diesem Wort ist angedeutet: Wir brauchen jemanden, der uns gekannt hat, als wir jung waren, und der uns kennen wird, wenn wir alt sind. Jemanden, der weiß, wer wir sind, wer wir waren, was wir brauchen, wovon wir träumen.

Kann man Gottvertrauen besser beschreiben?

Freilich, mancher wird fragen: Was muß ich konkret tun, um in meinem Kind Vertrauen zu Gott zu wecken? Wichtig ist hier das Gebet. Das Kind weiß ja zunächst nicht, wer Gott ist. Das Höchste, was es für das Kind gibt, sind die Eltern. Und nun erlebt es, daß diese Eltern sich immer wieder an jemanden wenden, den man nicht sehen kann, zu dem die Eltern aber Vertrauen haben. Es wird ja dabei herauskommen: Gott bejaht unser Leben, und er steht zu diesem Ja.

Es ist ebenso notwendig, daß wir Respekt haben vor dem Glauben unserer Kinder, der eine zarte, empfindsame Pflanze ist. Hier gibt es besondere Schwierigkeiten gegenüber den Größeren. Sie brauchen die Eltern, gleichzeitig brauchen sie ihre Ruhe. Sie stoßen oft bewußt die Eltern ab und haben doch gleichzeitig ein echtes Bedürfnis nach Liebe und Vertrauen. Sie sind mit sich selber nicht gut, hoffen aber, daß die Eltern mit ihnen gut sind. Es wird viel verlangt von uns, viel Fingerspitzengefühl, dazusein, wenn man gebraucht wird, und wieder zurückzutreten, wenn es wenig später nicht mehr nötig ist.

Christliche Erziehung? Vielleicht ist sie am schönsten beschrieben in einem Gleichnis, das Jesus erzählt. Er wollte darin das Wachsen des Reiches Gottes verdeutlichen und erzählte von einem Bauern, der den Tag über seine Arbeit tut, nämlich Samen ausstreut. Erziehung ist ja so etwas. Abends legt er sich hin und schläft den Schlaf des Gerechten. Während er schläft, geht die Saat auf (Markus 4,26–28). Er tut nichts mehr dazu. Er ist auch nicht nervös und ängstlich, ob es klappt.

Von diesem Gleichnis geht etwas aus: Gelassenheit. Und es könnte uns dazu bringen, daß wir selber Vertrauen haben, wir Eltern, weil dieses Gleichnis gegen unsere Sorgen, gegen unsere Angst erzählt ist und für das Vertrauen, daß die Saat aufgeht, wann Gott es will. Und noch deutlicher: Unsere Kinder stehen auch dann in Gottes Hand, wenn sie nichts mehr von ihm wissen wollen. Da kann man dann beten:

Lieber Vater im Himmel, es fällt uns schwer, die Verantwortung für unsere Kinder zu tragen, darum gib uns Geduld und gute Einfälle, vor allem gib unseren Kindern Vertrauen zu dir. Uns aber mach gelassen und ruhig, damit wir dir nicht im Wege stehen durch unsere Hast und Unruhe.

Herr, ich glaube – hilf meinem Unglauben!

Was ist das eigentliche Thema der Weltgeschichte? – Eine Frage, die wir sicher gerade vor dem Hintergrund der gegenwärtigen Ereignisse sehr unterschiedlich beantworten mögen. Und es wird immer abhängig davon sein, was uns zur Zeit gerade beschäftigt oder Kummer macht. Aber was ist nun wirklich das »eigentliche Thema«? Goethe hat darüber einmal geschrieben: »Das eigentliche, einzige und tiefste Thema der Welt- und Menschengeschichte, dem alle übrigen untergeordnet sind, bleibt der Konflikt des Unglaubens und Glaubens. Alle Epochen, in welchen der Glaube herrscht, unter welcher Gestalt er auch wolle, sind glänzend, herzerhebend und fruchtbar für Mitwelt und Nachwelt. Alle Epochen dagegen, in welchen der Unglaube, in welcher Form es sei, einen kümmerlichen Sieg behauptet, und wenn sie auch einen Augenblick mit Scheinglanz prahlen sollten, verschwinden vor der Nachwelt, weil sich niemand gern mit Erkenntnis des Unfruchtbaren abquälen mag« (aus »Westöstlicher Diwan« von Johann Wolfgang von Goethe).

Zu mir kommen immer wieder einmal Leute, die sich schwer tun mit dem Glauben. Sie sagen das auf ihre Weise: »Wissen Sie, ich möchte es auch ganz gerne, aber das ist alles zu viel auf einmal, und überhaupt, ich kenne ein paar, die leben so selbstverständlich und so gekonnt, da komme ich gar nicht mit.« Solche oder ähnliche Gedanken mögen Sie sich auch schon gemacht haben. Und wer unsicher ist auf diesem Gebiet, der sollte sich zusammentun mit anderen; nicht mit den ganz so Sicheren, die oft mehr behaupten als überzeugen. Aber vielleicht mit denen, die noch viel erwarten von Gott, auch wenn sie bei sich selbst zu wenig an Glauben feststellen.

Jesus hat selten genug bei einem Menschen vom großen Glauben geredet. Eigentlich haben die meisten, die zu ihm kamen, eine eigentümliche Haltung eingenommen. Auf der einen Seite wußten sie: Der da vor uns ist jemand, der uns helfen kann. Und darum sind wir ja gekommen. Auf der anderen Seite haben sie in sich eine Fülle von Widerständen und Zweifeln, Widersprüchen und Einwänden gekannt. Wie sollte es sonst anders möglich sein, daß sie überhaupt geantwortet haben auf die Frage Jesu: »Glaubst du das, glaubst du, daß in mir der vor dir steht, der dir helfen kann, dein Leben wenden kann?« Die Angeredeten haben nicht überschwenglich, perfekt reagiert, sondern haben oft sehr behutsam und für unsere Ohren erstaunlich geantwortet: »Herr, ich glaube – hilf meinem Unglauben!« (Markus 9,24).

Jesus hat Leute, die so reagiert haben, nicht weggeschickt: »Also so geht das nicht. Man muß doch wissen, was man will. Ihr könnt wiederkommen, aber erst dann, wenn ihr euch eindeutig erklären könnt.« In ihm war so viel seelsorgerliche Liebe zum Menschen, daß die Wahrheit zu Wort kommen konnte und die Liebe darunter nicht verborgen blieb.

Die Wahrheit, daß einer von sich sagt: Ich bin so. Auf der einen Seite möchte ich dir gerne glauben, möchte mit ganzem Herzen mich dir zuneigen, mich darüber freuen, daß in dir, Jesus, Gott uns Menschen so nahe ist. Auf der anderen Seite bin ich hin- und hergerissen von so vielem, was ich gehört und gelesen habe und was mich hindert, unbefangen zu dir zu kommen. Ich bin angefressen von allerlei Zweifel, bin erschrocken über allerlei Hintergedanken. Nein, ich kann's eigentlich nur so sagen: »Herr, ich glaube – hilf meinem Unglauben!«

Und so hat Jesus die angenommen, die zu ihm kamen. So, wie sie waren, hat er sie akzeptiert. Er hat sie weder geschulmeistert noch Bedingungen gestellt, noch irgendwelche Prüfungskategorien angelegt. Er hat ihnen geholfen. Sollte uns das nicht Mut machen? Uns, auch oft genug unterwegs zu diesem Jesus, mit vielem auf dem Herzen, aber eben auch so mehrschichtig, zeitgebunden und modern eingefärbt und doch mit einer großen und tiefen Sehnsucht nach Begegnung.

Es ist also gar nicht so mit der Perfektion und vielleicht gar nicht so schwer mit dem Glauben. Vielleicht geht es nur darum, daß einer mit dem, was er ist und auch was er nicht ist, mit dem, was er hat und nicht hat, mit dem, was er kann und nicht kann, sich dem zuwendet, dessen Name ein Programm ist: Jesus – Retter.

Dieser Tag heute zählt

Es gibt eine Geschichte in der Bibel, die sehr bezeichnend ist. Da wird von einem Sämann erzählt – Jesus berichtet dieses Gleichnis –, dem einiges beim Säen an den Weg fiel. Und die Vögel kamen und fraßen es auf. Einiges fiel in steiniges Gelände, wo es nicht genug Erde hatte, und ging bald auf – eben weil es nicht viel Erde hatte –, verwelkte, und weil es keine Wurzeln hatte, dörrte es weg. Und einiges fiel unter die Dornen. Und die Dornen wuchsen empor und erstickten es, und es gab keine Frucht. Und einiges fiel auf gutes Land und brachte Frucht. Manches dreißigfache, manches sechzigfache, einiges hundertfache (Matthäus 13,3–8). Welch ein Bild!

Da wird von dem, was Gott uns zuwendet, als von einem Samen geredet auf dem Acker »Mensch«. Bei dem einen wird das bißchen, was er aufgenommen hat, weggenommen. Andere sind hart, unzugänglich; bei wieder anderen ersticken's die Dornen der Sorgen und der Angst.

Ein Gleichnis wie ein Spiegel! Man fragt sich: Wo ist eigentlich dein Platz? Was ist aus dir geworden? Und die Frage, die uralte Frage, hat schon ihren Ort: »Vierfach ist das Ackerfeld, Mensch, wie ist dein Herz bestellt?«

Es wäre sicher unangemessen, auf diese oder jene zu zeigen, bei denen alles flach und oberflächlich geworden ist, und auf die anderen, die dem ausgestreuten Wort Gottes gegenüber völlig unzugänglich sind. Nein, wir sind gemeint, wir in den vielen Schichten unseres Lebens. Aber nun wird mit diesem Gleichnis auch gesagt, daß der Mensch Gottes Ackerfeld bleibt und nicht einfach Pachtland des Teufels ist.

Jeder von uns ist aber auch ein Samenkorn, das ausgesät ist in den Acker Welt. Jeder von uns ist jemand, von dem gilt: »Wo Gott einen Menschen ausgesät hat, dort soll er blühen!« Denn das ist doch die Frage, der man sich stellen muß: Sind wir eher Sandkörnern vergleichbar, die verweht werden vom Treibsand des Zeitgeistes? Oder sind wir Samenkörnern vergleichbar, die einwurzeln, so daß etwas wächst und blüht?

Jesus sagt: »Einiges fiel auf gutes Land und brachte Frucht. Manchmal dreißig-, sechzig-, ja hundertfach.« Dazu kann es kommen, wo Gott uns ausgesät hat, an diesem Tag, an dem Ort, an dem wir sind, und mit den Gaben, die er uns anvertraut hat. Daß wir dort blühen und etwas sind zum Lob seiner Herrlichkeit und zur Hilfe für unsere Mitmenschen.

Vielleicht muß man manches Mal bei jemand anders in die Lehre gehen. Zum Beispiel bei ein paar Menschen, die etwas gefunden haben, was für andere hilfreich ist. Da habe ich von einer Gruppe gehört, die Leute zusammenbindet mit einer ganz besonders schweren Erfahrung. Es sind lauter Krebskranke. Sie treffen sich regelmäßig ohne Ärzte. Und begrüßen sich mit einem ganz bestimmten Satz, unter dem sie sich auch manches Mal telefonisch gegenseitig ermutigen. Der Satz heißt: Mache, daß der Tag heute zählt.

Ist das nicht für alle bedenkenswert? Manche, die nicht mehr über viel Zeit verfügen, die genau wissen: Der Zeitraum deines Lebens ist nicht mehr sehr groß, erinnern sich gegenseitig: Das Heute ist unsere Chance, und sie ermutigen sich gegenseitig: Mache, daß der Tag heute zählt. Das war nicht immer so. Als sie sich zusammenfanden, hat einer dem anderen bestätigt: »Seitdem ich gewußt habe, ich bin krebskrank, hatte ich zu nichts mehr Lust. Kleider interessierten mich nicht mehr, Gesprächen ging ich aus dem Weg. Ich wollte mit niemandem mehr zu tun haben. Aber seitdem ich in dieser Gruppe bin, mit dem Namen ›Krebskranke helfen sich selbst‹, gibt es für mich wieder erfülltes Leben.«

Aber nicht nur für Leute dieser Gruppe, sondern doch auch für uns. Denn so ein Satz: Mache, daß der Tag heute zählt – das ist doch auch ein Wort, mit dem wir heute anders leben könnten als sonst, nicht langweilig, nicht mittelmäßig, eben nicht so, wie es uns manchmal zumute ist.

Mach, daß dieser Tag heute zählt – da gehört vieles

hinein. Wenn Sie Christen sind, dann ist es für Sie vielleicht noch einmal von einer anderen Ebene verstehbar. Dieser Tag ist auch einer von denen, die der Herr macht, ein Tag, an dem man fröhlich und dankbar leben kann.

Im 2. Korintherbrief heißt es: »Jesus Christus, der Sohn Gottes, ist keiner, der ja sagt und nein meint. Im Gegenteil, er ist durch und durch Ja. Mit ihm sagt Gott ja zu allen seinen Zusagen« (2. Korinther 1, 19.20). Mit diesem Ja kann man heute leben, so daß der Tag zählt. Freilich, mancher ist so hilflos und so bedrückt, daß sein Nein zu sich und zu seiner Umwelt stärker als alles andere ist. Und der fragt sich: Wie soll ich das fertigbringen, so leben, daß der Tag heute zählt?

Kann man das nicht auch von Gott erbitten:? »Laß mich nicht so dahintreiben, lieber Gott. Mach Du, daß dieser Tag heute zählt, fülle Du ihn mir mit Begegnungen, die mich fröhlich machen, mit Erlebnissen, die wie Farbtupfer in einem grauen Alltag sind. Und laß mich nicht vergessen, wieviel Lebensmöglichkeiten Du in mir angelegt hast. Wecke Du sie durch Menschen oder Situationen, damit sich mein verschlossenes Dasein öffnet. Mach Du, daß dieser Tag heute zählt.«

Nun bleibt mir nur noch, Ihnen zu wünschen, daß Sie heute abend, wenn Sie diesen Tag noch einmal bedenken, sagen können, dankbar und gewiß: Das war einer von denen, die gezählt haben.

Gott, warum ...?

Das ist die uralte Frage des Menschen nach dem Wesen Gottes. Er, dessen man sich so sicher war, ist plötzlich unendlich fremd geworden. Nichts ist mehr, wie es war. Was bleibt, ist das Erschrecken angesichts einer bitteren Leidenserfahrung, die alles verändert hat. Und man fragt: Warum bist du so, Gott? Warum gerade mit mir? Warum heute? Und der anklagende Ton ist nicht zu überhören.

Es ist die Frage der Theodizee, wie man das nennt, der Rechtfertigung der Gerechtigkeit Gottes. Aber müßte man nicht manches Mal auch umgekehrt fragen: »Warum bist du so, Mensch?« Hätte Gott nicht ebenso Anlaß dazu? Eine kleine Geschichte macht deutlich, wie ich das meine:

Rabbi Baruchs Enkel, der Knabe Jechiel, spielte einst mit einem anderen Knaben Verstecken. Er verbarg sich gut und wartete, daß ihn sein Gefährte suche. Da er lange gewartet hatte, kam er aus dem Versteck. Aber der andere war nirgends zu sehen. Nun merkte Jechiel, daß jener ihn von Anfang an nicht gesucht hatte. Darüber mußte er weinen, und so weinend kam er in die Stube seines Großvaters gelaufen und beklagte sich über den bösen Spielgenossen. Da flossen auch Rabbi Baruch die Augen über, und er sagte: »So spricht auch Gott: Ich verberge mich, aber keiner will mich suchen!«

Ist das so, daß Gott ebenso das Recht hat zu der Frage: Warum bist du so, Mensch?, so wie wir fragen: Warum bist du so, Gott? Und was wird aus diesen Fragestellungen?

Die einen sagen: Wir suchen ihn nicht mehr, wir brauchen ihn nicht mehr. Und manche behaupten sogar, er sei einfach weggegangen, sei irgendwo in der Zeit der Moderne verlorengegangen. Und doch ist es ganz anders. Es scheint so, daß er vielleicht nicht mehr da ist, bis wir ihn dann jenseits der nächsten Wegbiegung wieder treffen. Ganz lebendig. Und aufs neue macht er sich uns bekannt, all dem zum Trotz, was wir hinter uns auf dem Weg zurückgelassen haben.

Jesus hat gesagt: »Kommt her zu mir alle, die ihr mühselig und beladen seid« (Matthäus 11,28). Welch ein Wort, welch ein Angebot! Nicht von einem, der für den etwas hat, der bezahlen kann. Der hier so einlädt, macht sich auch nicht selten wie ein Spezialist mit einem Terminkalender, bei dem man erst in drei Jahren drankommt. Nein, er wendet sich uns zu und sagt: Kommt. Und er sagt: Alle.

Wenn unter uns schon einer bereit ist zu helfen, dann behält er sich wenigstens vor, Ausnahmen zu machen. Und die Großen unter uns sind ja gerade nicht für alle da. Aber er, er stellt keine Bedingungen, er schließt niemanden aus. Und er hat keine Angst, daß er sich völlig verausgaben könnte. Er weiß, daß er sich nicht verliert, wenn er sagt: Kommt ... alle. Von einem Preis ist nicht die Rede.

Und er sagt: Kommt her zu mir. Welch eine Einladung. Es ist fast, als wäre er nur um eins besorgt: Daß da einer ist, der diese Einladung nicht annimmt. Freilich, eine Eingrenzung gibt es schon. Mühselige und Beladene. Also doch nicht alle, sondern nur die?

Aber das sind sicher mehr als wir meinen. Jesus schaut ja hinter die Fassade, die wir voreinander aufgebaut haben. Es interessiert ihn nicht, wie weit wir es im Leben gebracht haben. Er kennt die wunde Stelle, da wo's uns ganz schön beschwert zumute ist.

Ihnen mag dieses »mühselig und beladen« ein Stichwort sein, das Sie gern noch deutlicher aufgeschlüsselt hätten. Aber vielleicht erklärt Jesus das darum nicht genauer, weil er verhindern will, daß sich jemand darum ängstigt, ob er auch unter den Eingeladenen sei.

Wer dann kommt, wer sich auf den Weg macht, wer sagt: »Ich will«, der wird Erstaunliches feststellen: Jesus gehört nicht zu denen, die erst fragen: Du bist doch hoffentlich nicht selbst an deinem Unglück schuld? Er macht keine Unterschiede. Er sagt es zu denen, die am Ende sind, zu denen, die die Eifersucht verzehrt, zu denen, die in die Ecke gedrängt sind, zu denen, die sich selbst aufgeben möchten: Dann bist du hier richtig.

Ich denke dabei an einen Satz von Dostojewski. Er läßt einen jener Verlorenen, die sich selbst nicht helfen können, sagen: »Mitleid wird der mit uns haben, der mit allen Mitleid hat und der alles und alle verstanden hat. Er, der einzige, er ist der Richter. Er wird an jenem Tage zu uns sprechen: Kommt auch ihr – wird er sagen – kommt ihr Betrunkenen, kommt ihr Schwächlinge, kommt ihr Sünder. Und wir werden hervortreten. Und die Weisen und Klugen werden ausrufen: Herr, warum nimmst du sie auf? Und er wird sagen: Ich nehme sie auf, ihr Weisen und Klugen, weil sich kein einziger für dessen würdig hielt. Und er wird seine Hände gegen uns ausstrekken, und wir werden niedersinken und weinen, und dann werden wir alles verstehen.«

Wenn aber einer so weit draußen, so tief drunten ist, daß er gar nicht mehr kommen kann, was dann? Dem mag gesagt sein: Dieser Jesus steht da und wartet, wie der Vater des »verlorenen Sohnes« wartet. Nein, er wartet nicht bloß, er geht suchen, so wie der Hirte das verlorene Schaf sucht, und er ist dafür schon einen unendlich weiten Weg gekommen: den vom Gottsein zum Menschen. Jedenfalls, die Einladung gilt: »Kommt her zu mir alle, die ihr mühselig und beladen seid, ich will euch Ruhe geben.«

Zeit für neue Zärtlichkeiten

Gott lasse seine Lieb und Güt
um, bei und mit uns gehn,
was aber ängstet und bemüht,
gar ferne von uns stehn.

Paul Gerhardt

Die Tür geht nach außen auf

Es gibt wenige Fragen, die uns so interessieren wie die Frage nach dem Glück. Was man so hört, ist vieldeutig. Trotzdem – wenn vom Glück die Rede ist, spitzen wir die Ohren. Da werden sogar jene aufmerksam, die sonst sehr verhalten sind.

Jeder von uns stellt sich etwas anderes darunter vor. Der eine wird lebhaft dabei und der andere versonnen, der dritte hat ganz genaue Vorstellungen, und wenn man's definieren sollte, ja – dann ist Glück eben nichts anderes als Glück! Und was ist das also? Hier ein paar Stimmen dazu:

»Glück, das ist für mich die Summe vieler kleiner Dinge, die ich tagsüber erlebe. Man muß sie sehen, um Glück zu haben. Dafür brauche ich kein großes, kein gewaltiges Ereignis ...« »Glücklichsein, das hat für mich mit seelischer Befriedigung zu tun ...« »Glück kann ich mir nur im Zusammenhang mit Menschen vorstellen ...« »Glück ist, wenn's ringsherum warm wird!« Welch ein Spannungsbogen!

Und wie würden Sie die Frage nach dem Glück beantworten? Was ist für Sie Inhalt des Glücks? – Schwierig, nicht wahr? Kinder sind da unbefangener. Befragt man sie, was das ist, sagen sie so ganz frei weg: »Reichlich Geld und Erfolg in der Schule; jemanden, mit dem ich mich verstehe; ein schönes Zuhause; keine Sorgen, Gesundheit; Frieden in der Familie; gute Freunde.« Das ist doch allerhand. Und wenn man das hat – und wie viele unter uns haben das alles – ist man dann glücklich?

Mancher von Ihnen sucht sein Glück wie eine Brille, die er auf der Nase hat. Das heißt, er weiß gar nicht, daß er hat, was er sucht: das Glück. Und wenn einer einwendet: »Nein, nein, ich bin nicht glücklich!« Dann – ja, warum sollte die derzeitige Station die Endstation sein? Lassen wir uns doch durch niemanden und durch nichts in einen Sackbahnhof schieben! Wir haben doch einen Weg vor uns, und da gibt es viel Neues zu entdecken. So zum Beispiel auch das Glück. Manchmal besteht es darin, nicht mehr an das zu denken, was man verloren hat, sondern an das, was man geben kann.

Manchmal ist es ganz klein. So wie eine Blume, die im Verborgenen blüht. Das heißt doch: Im Grunde durchziehen Spuren des Glücks das Tagewerk von jedem unter uns, so wie Goldadern die Erde durchziehen. Und Glück wäre dann, unterwegs zu bleiben, eine gute Richtung einzuschlagen und sich nicht im Kreis zu drehen. Und vielleicht sogar dabei die Wahrheit jenes Satzes zu entdecken: »Die Tür zum Glück geht nach draußen auf!« (Sören Kierkegaard).

Das also könnte die Richtung sein, die man einschlägt, in die hinein man unterwegs ist. Das ist sicher einmal der Weg zum Mitmenschen. »Glück ist, wenn es einem ringsherum warm wird«, so bemerkte eine Frau. Aber es ist auch der Weg zu dem anderen Glück: Nicht allein zu sein mit sich selbst, sondern das Ganze des Lebens nach Vergangenheit, Gegenwart und Zukunft zu erfahren als geborgen in der Nähe Gottes. Vielleicht sind wir gerade in diesem doppelten Bild auf der richtigen Spur. Denn der, der dieses Glück empfindet, der ist ergriffen. Er verläßt sich für einen Augenblick selbst, es wird ihm zu eng bei sich. Was dazu gehören wird? Vertrauen! Und das ist etwas anderes als das Mißtrauen, Gott würde uns das Glück vermiesen.

Wenn Tiere reden könnten ...

Angenommen, Tiere könnten reden – ich weiß auch, sie können es nicht – aber angenommen, sie könnten es: wir würden in diesen Tagen einiges zu hören bekommen. Fangen wir mal ganz außen an. Mancher Hund würde sich bitter beklagen: »Vor die Tür, vor die Autotür, haben sie mich gesetzt, als sie weit genug von zu Hause weg waren. ›Sieh zu, wie du durchkommst, drei Wochen wirst du schon aushalten‹, haben sie mir zugerufen, und weg waren sie. Und seitdem streune ich durch die Gegend. Wenn es nicht ein paar mitleidige Leute gäbe ... Also, jedenfalls bleiben Sie mir weg mit den Menschen!«

Und manche Katze könnte sich anschließen: »Einfach weggescheucht hat man mich, als hätte ich noch nie zu ihnen gehört. Sonst hieß es immer Pussy hier und Pussy da, aber jetzt hat es sich ausgepussyt, und plötzlich war ich überflüssig. Ein Glück, daß ich mich ab und zu von dieser Familie abgesetzt habe. Das reinste Überlebenstraining war's. Darum bleibt mir weg mit den Menschen, ich habe sie kennengelernt!«

Aber da meldet sich nun eine ganz andere Stimme zu Wort, ein bißchen quakend – eben wie die Stimme einer Entenmutter klingt: »Ich kenne sie auch, aber ganz anders. Da bin ich doch kürzlich mit meinen Küken aus gewesen. Sie müssen doch mal etwas anderes sehen als immer nur die Gegend rund um den unteren Schloßgarten. Jedenfalls habe ich mich irgendwie verirrt, denn plötzlich war ich mitten im Stuttgarter Straßenverkehr gelandet. Auto um Auto zischte vorbei. – Allein wäre ich vielleicht über die Straße gekommen. Aber meine Küken im Stich lassen? Nein! Was tun? Ich war schon ganz aufgeregt, und meine Kleinen piepsten immer ängstlicher. Aber plötzlich war der Autostrom unterbrochen. Die Straße war frei, und mitten drin stand ein freundlicher Mann in einem bunten Rock und noch einer, und die lockten mit Worten und Gesten. Da watschelte ich los und meine Küken hinterher. Langsam genug ging's – aber niemand hat gehupt. Treulich geleitet zogen wir dahin. Ich hab gar nicht gewußt, daß Menschen noch so ein Herz für unsereinen haben können. Ich jedenfalls kann nur Gutes über die Menschen sagen.«

Ja, wenn Tiere reden könnten ...

Wie halten Sie es mit den »geschwisterlichen Mitgeschöpfen«, wie Franz von Assisi sie einmal genannt hat? Weithin kennt man das Tier ja nur noch als Feind, als Schädling, der bekämpft werden muß. Andere reden von ihm als einem Ernährungsfaktor, und wieder andere benutzen es als Versuchsobjekt im Laboratorium. Da ist nicht mehr viel geblieben von den »geschwisterlichen Mitgeschöpfen«.

Für den, der ein Tier als Hausgenossen hat, ist vielleicht Tierliebe kein Problem, oder doch? Wird sie zum Problem, wenn sie mit Menschenverachtung gepaart ist? »Daß mir der Hund das Liebste ist, sagt nicht, es wäre Sünde, der Hund blieb mir im Sturme treu, der Mensch nicht mal im Winde.« So ein Satz mag von viel bitterer Erfahrung erzählen. Aber wer das Seufzen der Kreatur hört, für das Seufzen eines Menschen aber taub ist, der verwischt alles.

Also wie ist das mit der Tierliebe unter uns, auch bei denen, die nicht irgendeine Kreatur durch besondere Erlebnisse in ihr Herz geschlossen haben? Sicher sind wir gegen Tierquälerei, aber was tun wir in unserer Umgebung, wenn Tiere mißhandelt werden? Was tun wir, um etwas zu verändern?

In den Sprüchen Salomos steht einmal der Satz:

»Tu deinen Mund auf für die Stummen« (Sprüche 31,8). Genau das ist unsere Aufgabe: den Mund aufzutun für die stumme Kreatur.

In einer alten koptischen Bibelhandschrift wird erzählt, wie Jesus einem Mann begegnet, der sein schwer beladenes Lasttier brutal behandelt. Jesus wendet sich dem gepeinigten und stöhnenden Tier zu. Er legt ihm die Hand auf und heilt seine Wunden. Den Tierquäler aber ermahnt er mit den Worten: »Nun treibe weiter und schlage hinfort nicht wieder, auf daß auch du Erbarmen findest.«

So eng hängen Mensch und Tier zusammen. Darum die Mahnung: Tu deinen Mund auf für die stumme Kreatur. Wie oft übersieht man Tiere einfach. Gar nicht aus bösem Willen, sondern weil man gedankenlos ist, träg, darüber nachzudenken, ungeschickt aus mangelnder Kenntnis. Wer nachdenkt, den kann aber sogar ein verirrter Regenwurm auf dem Asphalt dazu bringen, daß er ihn mit den Fingern aufliest und ins Grüne schlenkert. Das ist nicht viel. Aber es ist ein Zeichen von Ehrfurcht vor dem Leben.

Albert Schweitzer hat unüberhörbar gemahnt: »Der wahrhaft ethische Mensch fragt nicht, inwiefern dieses oder jenes Leben wertvoll ist und Anteilnahme verdient. Auch nicht, ob es empfindungsfähig ist. Das Leben als solches ist ihm heilig. Er fürchtet sich nicht, als sentimental belächelt zu werden.«

Es geht also um das Beispiel, das hier zu geben ist im Umgang mit den Tieren. Das Beispiel, mit dem man anderen Menschen signalisiert: Ich nehme die »geschwisterlichen Mitgeschöpfe« in Obhut. Was so ein Beispiel für unsere Kinder bedeuten könnte, mag nur am Rande erwähnt sein. Sie erkennen mindestens eins daraus: Man kann nicht gleichzeitig höheres Leben respektieren und sogenanntes niedriges Leben verachten.

Diese Verantwortung gegenüber der stummen Kreatur ist ja nicht nur das Hobby von ein paar wenigen. Es kann der Versuch sein, etwas von der immer neuen Schuld des Menschen an der Kreatur abzutragen. Wir machen ein wenig gut von dem, was wir ihnen, den »geschwisterlichen Mitgeschöpfen«, schon alles angetan haben. Wenn Ihnen heute ein Hund über den Weg läuft oder Ihnen auf andere Weise irgendeines von diesen »geschwisterlichen Mitgeschöpfen« begegnet – vielleicht fällt es Ihnen dann wieder ein, daß wir sie in Obhut nehmen wollten.

Unvollkommenheit als Chance

Niemand ist perfekt; das wissen wir. Und wir leiden darunter, daß es so ist. Mancher empfindet seine Unvollkommenheit tatsächlich als eine Last, als Anlaß zur Resignation: Ich kann nichts, ich bin nichts, ich habe nichts, ich tauge nichts. Wir können unsere Unvollkommenheit aber auch einmal ganz anders ansehen: Als eine Chance. Ja, ich möchte Ihnen gerne Mut machen, das anzunehmen, was Sie sind und ich auch: unvollkommen.

Es geht Ihnen doch sicher auch manchmal so: Perfekte Leute sind zum Erschrecken. Nirgends ein Fehler, nirgendwo etwas, das einen mit ihnen verbindet. Etwas Unvollkommenes an ihnen würde sie erst liebenswert machen. Die Nähe zum Menschlichen käme dabei heraus, vielleicht auch die Nähe zu Gott.

Es gibt Leute, die behaupten, der Mensch sei am Anfang, vor dem Sündenfall, noch ein Vollkommener gewesen. Denn da steht doch über der Schöpfung das Urteil Gottes: Sehr gut! Aber wenn man die Geschichte, die am Anfang der Bibel steht, genau liest, ist es gerade nicht so. »Gott schuf den Menschen ihm zum Bild, zum Bild Gottes schuf er sie, einen Mann und eine Frau« (1. Mose 1,27). Keins von beiden ist der Mensch für sich und aus sich selbst. Eins mit dem anderen erst ergibt das Ganze. Unvollkommenheit gehört also wesenhaft zu uns. Und das ist ja gerade das Problem, das ertrug der Mensch schon damals nicht. Gern hat er der Stimme nachgegeben, die ihm Vollkommenheit versprach, wie er sie gerne gehabt hätte: »Ihr werdet sein wie Gott« (1. Mose 3,4.5). So vollkommen wollte der Mensch sein. Das hat bis heute nicht aufgehört: Er ist unterwegs, aus sich das ganz Große zu machen, und behauptet manchmal triumphierend: »Hast du nicht alles selbst vollendet, heilig glühend Herz?« – Doch wieviel Streß liegt auf diesem Weg, wieviel Überforderung, wieviel Verlust an Menschlichkeit! Gott hat uns viel unbefangener, unvollkommener und damit menschlicher gemacht.

Wenn ich im Neuen Testament lese, fällt mir auf, daß Jesus es mit den Vollkommenen immer am schwersten hatte. Weil sie so taten, als seien sie fehlerlos, als brauchten sie ihn nicht, als wüßten und könnten sie alles selbst. Aber die Unvollkommenen hatten Chancen bei Jesus. Das sollte uns nachdenklich machen.

Unsere Unvollkommenheit als Chance anzusehen, das könnte viel bedeuten in unseren Beziehungen, zum Beispiel bei der Begegnung zwischen Eltern und Kindern. Unsere Kinder bekämen leichter Zugang zu uns, wenn wir sie nicht mit unserer Vollkommenheit auf Distanz hielten, wenn sie merkten, daß auch wir Älteren unterwegs sind. Kinder werden ja viel öfter unsicher gemacht durch unsere Perfektion, als wir uns klarmachen. Unvollkommenen Eltern aber werden sie gern erzählen, wie oft sie selbst scheitern.

Und manchmal werden sie den Mut haben, auch etwas Falsches zu machen, statt nichts zu wagen, weil sie wissen, sie können mit den Eltern darüber sprechen, weil die das auch kennen und nicht vergessen haben. Manchmal wissen die jungen Leute heute sogar mehr als ihre Eltern, und es täte der Beziehung gut, wenn die Eltern das zugeben könnten.

Unvollkommenheit in der Ehe. Da gibt es die vielen Kleinigkeiten, die das Zusammenleben belasten. Wenn einer die Zahnpastatube nie zumacht, fünfzehn, zwanzig Jahre lang, dann ärgert sich der andere zehn Jahre lang, doch eines Tages denkt er: Das ist seine – ihre – persönliche Note. Nun laß doch! Liebenswert ist er gerade darum. Betrachten wir also auch in der Ehe unsere Unvollkommenheiten als Chance! Lassen Sie Ihren Partner etwas entdecken von der liebenswerten Unvollkommenheit eines Menschen! Gerade die kleinen Unebenheiten machen solidarisch, erziehen zur Toleranz. Daran zeigt sich dann, ob einer den anderen freigeben kann zu seiner originellen Lebenshaltung. Nur ein origineller Mensch bleibt auch ein anregender Gesprächspartner.

Im Berufsleben gilt dasselbe. Wer seine Unvollkommenheit zugibt, gibt dem anderen Spielraum, so daß er zufassen und helfen kann und merkt, daß er gebraucht wird. Wie sollte Kollegialität geübt werden, wenn nur lauter Perfekte nebeneinander wären oder Leute, die sich als solche ausgeben?

Diese Einsicht brauchen wir auch in der Politik. Demokratie bedeutet ja: Zwischen mehreren unvollkommenen Lösungen wählen dürfen und müssen. Unvollkommenheit gibt den Politikern die Chance, redlich zu sein, das Erreichbare anzugehen statt das Blaue vom Himmel herunter zu versprechen. Unsere Welt ist im Zustand der Unvollkommenheit, und nur

Unvollkommenes können wir in ihr gestalten, aber gerade so ist sie auch eine Welt, in der der Mensch Mensch bleiben kann.

Das gilt auch für den christlichen Glauben. Wie viele sind schon entmutigt worden durch sogenannte perfekte Christen! Gerade ein Christ ist aber immer im Werden. Bei Paulus kann man lesen: »Nicht, daß ich's schon ergriffen hätte oder schon vollkommen sei. Ich jage ihm aber nach, daß ich's ergreifen möchte, nachdem ich von Christus ergriffen bin« (Philipper 3,12). So viel Ehrlichkeit können sich gerade Christen leisten. Unsere Unvollkommenheit ist eine Chance, die wir anderen geben können. So kann aus unserer Armut ein Reichtum an Menschlichkeit werden.

Kennen wir einander?

In den verschiedenen Beziehungen, in denen wir leben, kann es lange so sein, daß wir nebeneinander hergehen. Es funktioniert einigermaßen, und also läßt man es dabei. Es hat sich alles so schön eingeschliffen, das möchte man nicht stören. Aber eines Tages fängt man an, nachzudenken. Was weiß ich eigentlich wirklich vom anderen? Gibt es da nur den alltäglichen Ablauf, viel Routine und ein paar Vermutungen, sonst nichts?

Dabei kann es doch nicht bleiben. Man möchte doch miteinander weiterkommen. Und darum eben eines Tages die Frage: Was weiß ich – zum Beispiel als Mutter – eigentlich wirklich von meiner Tochter? Freilich, dazu gehört sofort die andere Frage: Was weiß ich eigentlich von mir? – So fragen heißt Probleme anrühren. Und man weiß nicht, ob man gut dabei herauskommen wird. Aber es ist der Anfang davon, das Oberflächliche zu verlassen und in die Tiefe zu gehen. Allerdings macht man da oft erschreckende Entdeckungen. Das werden manche unter Ihnen bestätigen. »Hätte ich nur alles so gelassen, wie es war«, klagt man dann hinterher. Dabei ist es mit dem Verschweigen doch auch nicht getan.

Weil ich hier nicht persönlich werden möchte, lassen Sie mich das Problem, was die Mutter-Tochter-Beziehung ausmacht, in ein Gleichnis fassen. Der Dichter Kahlil Gibran erzählt darüber folgendes:

»In meiner Heimatstadt lebte eine Frau mit ihrer Tochter. Beide wandelten im Schlaf.

Eines Nachts, als alle Welt schwieg, trafen sich Mutter und Tochter schlafwandelnd in ihrem nebelverhangenen Garten.

Und die Mutter sprach und sagte:

›Endlich habe ich dich, Feindin! Du warst es, die meine Jugend zerstörte, und auf den Ruinen meines Lebens bist du groß geworden. Ich möchte dich töten!‹

Und die Tochter erwiderte und sagte:

›Verhaßtes Weib, selbstsüchtige Alte. Immer noch stehst du meiner Freiheit im Weg. Mein Leben soll wohl immer nur ein Echo deines Lebens sein. Ach, wärest du doch tot!‹

In diesem Augenblick krähte der Hahn, und beide Frauen erwachten. Voller Sanftmut fragte die Mutter: ›Bist du es, mein Herz?‹, und die Tochter antwortete sanftmütig: ›Ja, liebe Mutter.‹«

Ist das nun ein Extremfall, hat hier jemand in einer Parabel zu sehr überzogen? Nein! Sondern so mehrschichtig sind wir. So viel Liebe in den Augen und oft so viel unheimliche, zerstörerische Kraft im untersten Bewußtsein.

Die Psychologie hat aufgedeckt, was da alles unter der Oberfläche brodelt. Wäre es da nicht besser, nicht so viel voneinander zu wissen? Aber wer sich hier verweigert, der wird nicht verstehen, warum es manche stürmische Ablösungsprozesse gibt. Und man macht sich auch Illusionen über sich selbst. Ebenso wäre es sinnlos, solche Entdeckungen schnell wieder gleichsam zuzuschaufeln und dann weiterhin so zu tun, als ob nichts geschehen wäre.

Freilich, wer so in die Tiefe geht und bei sich selbst alle möglichen Entdeckungen macht, der sollte zugleich auch den Weg in die Höhe hinauf unternehmen. Dietrich Bonhoeffer hat es auf eine Weise getan, wie wir es ihm nachtun könnten:

»Wer bin ich? Dieser oder jener?
Einsames Fragen treibt mit mir Spott.
Wer ich auch bin, du kennst mich.
Dein bin ich, o Gott!«

In ihm ist zusammengefügt, was wir oft nicht zusammenbringen, und er nimmt uns so an, wie wir sind. Auch wenn wir uns oft in dieser Zwiespältigkeit kaum ertragen können. Freilich sollten wir dann auch begreifen, was Jesus einmal mit dem Wort ausdrückt: »Du sollst deinen Nächsten lieben wie dich selbst!« (Matthäus 5,43). Wie dich selbst – darauf kommt es nicht wenig an.

Liebst du mich?

Sicher kennen Sie das auch, daß eines das andere so fragt. Manchmal verrät ein kleiner Zusatz, wie die Situation ist: Liebst du mich noch – liebst du mich wirklich? Und die Antwort: »Natürlich, was soll überhaupt die ganze Fragerei?« Und am Ton, der auch hier, wie so oft, die Musik macht, kann man heraushören, wie es zwischen zweien steht. Gleichgültig, mutlos, phantasiearm.

Liebst du mich? Können wir diese Frage nur noch zwischen Selbstbestätigung und leichter Erpressung ansiedeln? Sie könnte doch auch der Anfang sein von etwas ganz Neuem. Daß da jemandem an mir liegt. Er will nicht ohne mich sein. Was auch war, der Satz: Liebst du mich? – das ist wie beginnender Brückenbau. Ein Abschnitt nach dem anderen wird auf mich zugeschoben, bis ich wieder darauf treten und die Verbindung nutzen kann, staunend. Tatsächlich: Sie hält, diese Brücke.

Ob es Petrus damals so zumute war, als Jesus ihn fragte: »Liebst du mich?« Wie auch immer: Petrus horchte auf. Jesus hat nicht die Konsequenzen gezogen, wie man das so nennt, nach der Weise: Dieser Petrus, der ist für mich gestorben. Nein, Verbindung wird neu geknüpft: »Simon Jona, hast du mich lieb?«

Und die Antwort? Man wartet geradezu auf einen überschwenglichen Satz, auf Worte, wo die Begeisterung durchschlägt. Und wie antwortet Petrus tatsächlich? »Herr, du weißt, daß ich dich lieb habe« (Johannes 21,15).

Herr, du weißt ... So redet einer, der geheilt ist von der Enttäuschung über sich selbst, geheilt von den großen Worten, die immer größer waren als er. »Herr, du weißt ...« Jesus ist für Petrus der, auf den von nun an sich alles bezieht, die Verleugnung von gestern und der gehaltene und haltende Glaube von morgen. Dreimal fragt Jesus so, als würde jenes andere Dreimal eins um das andere zugedeckt. Petrus wird immer hilfloser in seinen Antworten. »Herr, du weißt alle Dinge. Du weißt, daß ich dich lieb habe.«

Darin ist alles verborgen, was ein Mensch, der sich seiner nicht mehr sicher ist, nur unterbringen kann: Du weißt, wie zwiespältig ich lebe, wie ich Angst habe, in deiner Nachfolge immer nur zu verlieren und nichts zu gewinnen. Du weißt, wie sich alles in mir gegen Veränderung stellt. Du kennst die mißlungenen Aufschwünge und vertuschten Zweifel.

»Herr, du weißt alle Dinge.« Könnten wir das auch so sagen? Die Frage Jesu gilt doch auch uns: »Hast du mich lieb?«

Der uns so fragt, gibt uns damit nicht auf. Mit diesem österlichen Licht über unserem Leben sollten wir rechnen.

Miteinander auskommen – wie macht man das?

»Ich weiß nicht«, sagte mir kürzlich jemand. »Es wird immer schwieriger, miteinander auszukommen. Wissen Sie nicht ein Rezept, nach dem man sich richten könnte?«

Was sagt man zu jemandem, der einen so fragt? Und es sind ja nicht wenige, die genau hier Probleme haben. Die sich allerlei zumuten würden, nur um endlich einmal zu größerem Verständnis und besseren Beziehungen zu kommen. Wenn es da einfach so eine Zauberformel gäbe, die, kaum ausgesprochen, schlagartig Verhältnisse änderte. Das wäre etwas!

Wir haben's immer zu schnell mit den Zauberformeln und den Rezepten, wo's dann möglichst von alleine gehen soll. Aber es geht nichts von alleine. Eine Ehe zum Beispiel ist nicht nur eine Sache, die man aufbauen muß, und dann läuft sie von allein, sondern etwas, was immer wieder aufzubauen ist. Niemals können sich die zwei einem Zustand bequemer Gemütsruhe hingeben und sich dabei sagen: »Das Spiel ist gewonnen, also faulenzen wir!« Das Spiel ist niemals gewonnen. Denn Ehe ist ein Prozeß, der ständig weitergeht, vergeht und unaufhörlich beginnt.

Wie ist es dann, wenn man schwer miteinander auskommt? Und was tut man, damit das besser wird? Manchmal haben sich zwei so festgerannt, daß sie nicht mehr herausfinden. Ganze Listen gibt es, die man heimlich anlegt und ergänzt. In die eingetragen wird, worin der Ehepartner sich aggressiv oder böse verhalten hat. Wenn man solche schreibt und sich dann gegenseitig präsentiert ...

Aber es geht auch anders. Manchmal freilich braucht es einen langen Weg, ehe man das begreift und dann auch anwendet. Es sind vier Wörter, die wie ein Schlüssel sein können. Und sie heißen: »Es tut mir leid!« Diese vier Wörter – sie können ganze Berge versetzen von dem, was sich da angesammelt hat, so daß man sich kaum noch sieht. »Es tut mir leid!« Vielleicht müßte man da vorher eine andere Liste anlegen als man bisher geführt hat. Eine, in der dann aufgezählt steht, was man am eigenen Verhalten am meisten bereut. Aber nun: »Es tut mir leid!« Ich möchte gerne, daß wir wieder miteinander leben, in gutem Einvernehmen, und besser miteinander auskommen!

Nun bringt es mancher nicht über sich, diese vier Worte zu sprechen. Aber vielleicht kann man dann wenigstens ein Zeichen geben. Und nicht nur eines, sondern viele, die gleich Signalen dem anderen bedeuten: »Du, es tut mir leid!«

So ein Weg aufeinander zu betrifft ja nicht nur Eheleute. Wie viele unter Ihnen könnten damit wieder einen Anfang machen. Eben dort, wo man so schlecht miteinander auskommt. Wer diesen Satz aus ehrlichem Herzen sprechen kann, der bringt damit zum Ausdruck, daß er bereit ist, sich zu ändern. Und der Mensch, mit dem man schlecht auskommt, sollte herauslesen: Sieh her, ich leide darunter, daß da etwas zwischen uns ist. Ich möchte die Kluft überbrükken, ich bin bereit, die Schuld teilweise oder ganz auf mich zu nehmen. Ich hoffe, daß du diese Geste und was sie in sich schließt, nicht zurückweist.

Wie oft man das sagen darf, ohne das Gesicht zu verlieren? Jesus hat auf eine so ähnliche Frage einmal geantwortet: »Nicht siebenmal, sondern siebzigmal siebenmal gilt es, zu vergeben« (Matthäus 18,22). Das ist nicht ein Wort der Maßlosigkeit auf dem Gebiet von Demütigungen; das ist Erinnerung an den Gott, der uns sagt: Du, was da zwischen dir und mir war, das habe ich in Ordnung gebracht. Jetzt zier dich doch nicht so. Nun geh doch zu deinem Nächsten, der manchmal der Fernste ist, und sag zu ihm: »Es tut mir leid! Vergib!«

So untereinander und miteinander auszukommen, das wünsche ich Ihnen.

Wunden verbinden

Martin Walser hat einmal in einem seiner Stücke von der Ehe gesagt: »Ehe, das ist, wie wenn zwei Chirurgen aneinander operieren an den Stellen, wo es am wehesten tut.«

Wahrscheinlich wird dieser Satz manchem unter Ihnen, der gerade in einer spannungsreichen Ehe lebt, wie aus dem Herzen gesprochen sein. »Ja, so ist es! Und wir zwei lassen keinen Augenblick aus, uns gegenseitig weh zu tun. Alle Themen sind uns recht, alle Situationen passend, wenn man dabei nur dem anderen eins auswischen kann!« – Dabei fragt man sich in ruhiger Stunde: Was ist aus uns geworden? Wo bist du hingekommen? Der Mund, das Herz, die Gedanken, aus denen einmal so gute, so zärtliche Worte kamen – eine Fabrik von bitteren, verletzenden Sätzen.

Aus manchem Gespräch habe ich den Eindruck gewonnen, es gibt eine Schwelle, wenn man die unterschreitet, dann bleibt nur noch das Gefühl, sich rächen zu müssen. Irgendwann. Und dann wartet man auf die passende Situation. So ein verletzendes Wort verfolgt einen tage-, wochenlang, manchmal sogar ein ganzes Leben lang.

Es ist, als ob wir in der Seele so etwas wie einen Panzerschrank haben, in dem die Schuld des anderen aufbewahrt ist. Lange bleibt er zu, der Panzerschrank. Aber dann passiert irgendeine kleine Verärgerung – und sie ist wie ein Schlüssel. Der Schrank ist wieder offen, und alle Schuldscheine flattern heraus – zum wievielten Male wohl schon? Und welche Worte stehen auf diesem Schuldschein ...

Betroffen, befangen von solchen Worten schließt man sich im Trotz ein und findet nicht mehr hinaus. Eheleute also doch wie Chirurgen, die sich dort operieren, wo es am wehesten tut?

Es könnte ja auch anders sein. Nicht so, daß wir jetzt ein totales Gegenbeispiel aufstellen, aber doch so, daß man in der Art des Umgangs – das könnte bei der Wortwahl anfangen – einander wieder mehr achtet, respektiert und auch ehrt.

Weiß eigentlich nicht jeder Ehepartner ziemlich genau, welches die Worte sind, die am tiefsten verwunden? Er hat sie ja oft genug gebraucht ... Aber nun darauf zu verzichten, wieder einmal sorgfältig zu überlegen, mit Argumenten einander begegnen und Raum für Einsichten freilassen, aus denen neue Worte wachsen: das könnte ein Anfang sein.

Und um mit Martin Walser zu reden: Warum sollten zwei sich nicht gegenseitig verbinden an den Stellen, wo es am wehesten tut, wo die größten Wunden sind? Denn Worte können auch heilen. Und wenn ein Wort der Zuneigung gesprochen wird, dann hat der, der es weitergab, und der, der es aufnimmt, eine Bleibe. Dann kann man sich wieder gegenseitig unterbringen. Gute Worte – sie können auch unvergeßlich sein. Und sie können abdecken, was böse vorher angerichtet haben.

Freilich, es wird darauf ankommen, einander zuzuhören. Nicht mit jenem geschärften Gehör, das bittere Worte wie Munition sammelt für die Gegenreaktion, sondern mit dem Hinhören auf die Neben- und Untertöne, in denen das Vertrauen sich wieder zaghaft meldet und den Worten Flügel gibt, damit sie tragen, auch eine Ehe emportragen können aus der Krise zu einem neuen Anfang. Denn auch eine Ehe lebt noch von etwas anderem als nur vom Brot des Alltags.

In der Bibel gibt es ein Wort, daß der Mensch nicht vom Brot allein lebt, sondern von einem jeglichen Wort, das durch den Mund Gottes geht (Matthäus 4,4). Das Hauptwort, das durch den Mund Gottes gegangen ist, ist Liebe, ist Vergebung. Bekämen sie doch wirklich Flügel, die freundlichen Worte, die wir heute sagen!

Ich wünsche Ihnen heute in Ihren Ehen, in Ihren Beziehungen solche kleinen neuen Anfänge.

Wenn man das addiert ...

»Sie sind der einzige, der mir zu meiner Hochzeit mit freundlichen Worten gratuliert hat«, sagte kürzlich am Telefon eine junge Dame zu mir. »Meine Freundinnen und Kollegen malen dagegen ein ziemlich düsteres Bild: Daß du das wagst, wo Ehe heute so problematisch geworden ist ... Es kracht doch überall. Also du hast Mut ...«

Manche unter Ihnen mögen ähnliche Erfahrungen

gemacht haben oder sie vom Hörensagen kennen. Dieses ganze Gebiet ist so labil geworden, daß man in Amerika mit Fernsehspots versucht, zum Nachdenken anzuregen. In einer kleinen Szene stehen ein Verkäufer und ein Kunde voreinander. »Womit kann ich Ihnen dienen, mein Herr?« fragt der Verkäufer. Und der Kunde: »Ein Geschenk für meine Frau. Diesmal will ich wirklich was ausgeben. Also ich hätte gern zwei Schächtelchen Beleidigungen, eine Schachtel für ihre Figur, die zweite für ihren Haushalt, und eine schöne Kette von Vorwürfen mit so ein paar richtigen Klunkern dazwischen. Ach ja, und tun Sie auch noch ein Dutzend, nein zwei Dutzend Sticheleien dazu.« Der Verkäufer: »Darf's sonst noch etwas sein, mein Herr?« »Nein, danke, ich will nicht des Guten zu viel tun. Was macht das alles zusammen?« Der Verkäufer: »Ja, mein Herr, wenn man das addiert, wird es ihre Ehe kosten. Möchten Sie diesen Preis zahlen? Wenn nicht, warum sehen Sie nicht einmal die guten Seiten an Ihrer Frau? Warum schenken Sie ihr diesmal nicht ein Päckchen Liebe? Liebe kann so vieles ändern.«

Tatsächlich! Liebe kann vieles ändern. Freilich, Liebe – ein arg strapaziertes Wort. Und soviel Wirkungen von ihr ausgehen können, soviel Mißverständnisse gibt es ja auch. Manchmal klammert sich ein Partner an den anderen und hält ihn ängstlich fest aus der geheimen Angst, er könnte ihn vielleicht verlieren. Und wenn er dann plötzlich beobachtet, daß der andere sich in einem Veränderungsprozeß befindet, dann wird er unruhig, vielleicht sogar aggressiv. Dabei käme es doch jetzt darauf an, sich gegenseitig so viel Raum zu lassen, daß man sich ändern kann. Sicher gibt es manchmal Spannungen, aber eine spannungslose Beziehung ist ja eigentlich auch eine unlebendige Beziehung. Worauf es aber bei allen

Veränderungen ankommt: Man muß miteinander darüber reden, offen, ehrlich, angstfrei, bereit, sich selbst zu geben. Das fällt oft schwer. Warum bringen wir das nicht fertig? Weil wir ängstlich die Reste eines verborgenen Bildes von uns selbst aufrechtzuerhalten suchen, eines Bildes, das gar nicht mit der Wirklichkeit übereinstimmt. Andere erleben uns ganz anders.

Warum also noch festhalten an irgendeinem Idealbild? Nein, wir brauchen uns gegenseitig. Gerade darin, daß wir uns von unseren Schwächen erzählen können. Freilich, dafür braucht es Worte, die uns manchmal schwerfallen, und ein beteiligtes Zuhören. Es ist mehr als nur den Mund halten. Wenn ich richtig zuhöre, dann gebe ich dem anderen Gelegenheit, sich so zu zeigen, wie er im Augenblick ist. Ich stemple ihn nicht ab, ich etikettiere ihn nicht. Ich höre mich in ihn hinein, in seine Ansichten, seine Gefühle, und mit je mehr Geduld ich das tue, desto deutlicher kann ich ihn sehen und desto weniger wird er verhüllt von meinen eigenen Vorurteilen. Und man kann sich da erzählen: Du bist anders als das Bild, das ich von dir hatte. Ich bin das Bild losgeworden und habe dich gefunden.

Jetzt kommt es darauf an, daß wir heute etwas von diesen Anstößen in unsere Ehen einbringen. Vergessen Sie nicht das kleine Schächtelchen Liebe!

Freiheit in der Ehe?

Es gibt kaum ein Feld, auf dem heute so viel experimentiert wird wie auf dem Gebiet der Ehe. Manchmal staunt man über die Einfälle, aber manchmal ist man auch nicht erstaunt über die Reinfälle, die dabei passieren.

So zeigte ein französischer Spielfilm vor einiger Zeit die Entwicklung einer Ehe, die man vielleicht als »modern« bezeichnen würde. Da ist das so, daß die beiden Partner sich gegenseitig das einräumen, was man weitgehend »Freiheit« nennt. Die Frau etwas zögernd, aber der Mann mit einer erstaunlichen Selbstverständlichkeit. Und um da eine gewisse Klarheit zu schaffen, sagt er zu ihr: »Meine Beziehungen zu anderen Frauen berühren überhaupt nicht meine Liebe zu dir.« Also eine Art von Beziehung, in der die Unabhängigkeit letztes Prinzip, äußerster Maßstab ist.

Aber dann ereignet sich etwas, das gar nicht so modern ausschaut. Der Mann hat jemanden, das hat er ja zugegeben. Aber nun findet die Frau auch einen anderen Partner. Und plötzlich ist der Mann damit nicht einverstanden. Er beschwört seine Liebe zu ihr, verlangt, sie soll zu ihm zurückkehren, aber sie gibt ihm zur Antwort: »Ich kann zu dir nicht zurückkommen, selbst wenn ich es wollte.«

Was ist passiert? Die Liebe ist gestorben an der Freiheit, die man einander uneingeschränkt zugesteht. Wer mit diesem Entgegenkommen anfängt, mag sich ja manches Mal sehr großzügig vorkommen, und der andere mag diese Großzügigkeit auch in Anspruch nehmen. Endlich einmal weg von dem Gewohnten, endlich einmal Freiheit gelebt!

Manchem wird dann aber plötzlich klar: Der, den du liebhast, mit dem du sehr vertraut bist, der hat dich nicht nur völlig freigegeben, so, daß du dich freigelassen fühlen kannst, sondern der hat dich auch laufenlassen. Du bist ihm also nicht wichtig.

Das ist ein sehr eigenes Gefühl, das einen da überfallen kann und die Freiheit zu einer ziemlich schalen Sache macht. Dabei lebt Liebe davon, daß einer dem anderen auf immer erneute Weise deutlich macht, daß er ihn wirklich will, ihn ganz und ihn allein. Und ihn so, wie er ist, oftmals als einen begrenzten Menschen, wie man es selbst auch ist, auch schwach, auch manches Mal enttäuschend. Und dann doch der und kein anderer!

Freilich muß man sich das auch gegenseitig zeigen, sagen, deutlich machen durch Gesten, durch Worte, durch immer erneute Zärtlichkeit: Ich brauche dich! Dann wird man schon nicht vergessen, sich mitzuteilen, von sich abzugeben.

Bei Erich Fromm stehen die Sätze: »Was gibt eigentlich ein Mensch dem anderen? – Er gibt von sich selbst, von dem Kostbarsten, was er besitzt, von seinem Leben.« Er gibt nicht, um etwas dafür zu empfangen, aber er kann nicht vermeiden, im anderen etwas zum Leben zu erwecken, das wiederum auf ihn zurückwirkt. Das Geben umschließt, daß der andere ebenfalls zum Gebenden wird und daß beide sich an dem freuen, was zum Leben erweckt worden ist.

Das ist ein Ziel für eine Ehe! Beide freuen sich an dem, was man im anderen wachgemacht, in Bewegung gesetzt, zum Leben erweckt hat. Darum ist die Ehe auch eine Begegnung, die Zukunft hat. Oft ist sie schon totgesagt worden. Aber es ist, als hätte sie eine geheime Kraft und eine außerordentlich tiefe Substanz mitbekommen, alle Zeiten, auch die heutige, zu bestehen. Ob das nicht zuletzt damit zusammenhängt, daß sie eine Gabe Gottes ist, die er sich von niemandem aus der Hand nehmen läßt? Er hat sie sehr reichlich und außerordentlich vielfältig gegeben. Am Ende unseres Lebens wird einmal manches aufgezählt werden; aber wirklich zählen wird, ob wir Beziehungen menschlicher Liebe durchgehalten haben. Und da gilt sicher nicht der Satz: »Der Starke ist am mächtigsten allein!«

Brief an Paul

Lieber Paul,

Du hast also Annette und Deine Kinder verlassen. Entschuldige bitte, daß ich erst heute schreibe. Ich konnte einfach nicht eher, weil ich nicht wußte, was ich dazu sagen sollte. In mir mischten sich Zorn, Mitleid und Enttäuschung wild durcheinander. Erst wollte ich Dir die Hölle heiß machen, Dich beschimpfen und Dir die Freundschaft aufkündigen. Dann wollte ich Dir ins Gewissen reden, Dir Mut machen, neue Wege zeigen. Ich konnte mich nicht zu dem einen oder anderen entschließen. Und vor allem blockierte mich das Gefühl, doch nichts ändern zu können. Was kann ein Brief denn schon ausrichten? Was kümmert Dich überhaupt meine Meinung? Du hast mich ja nicht um Rat oder Hilfe gebeten. Aber die Geschichte hat Gisela und mich tief getroffen und uns wirklich zum Heulen gebracht.

Die Briefe, die Annette uns schrieb, berichten erschüttert über Eure mißlingende Ehe und sind gleichzeitig ein Schrei nach Mitgefühl und Hilfe. Annette kämpft um Dich, um den Vater für Eure drei Kinder. Du teilst uns nur kurz mit, daß Eure Ehe kaputt sei, daß Du ein neues, glücklicheres Leben gefunden hättest und daß Annette damit noch nicht fertig geworden sei. Es scheint also, als erwartest Du von uns nur, Deine Entscheidung stumm anzunehmen. Ohne Kommentar. Aber das geht nicht.

Annette und Du, Ihr seid schon so viele Jahre unsere Freunde, da muß ich Dir sagen, was Gisela und mich bewegt, wenn wir an Dich, an Annette und Eure kleinen Kinder denken. Weißt du, jedesmal, wenn eine uns bekannte Ehe zerbricht – und das geschieht leider wie eine Epidemie um uns herum –, dann fragen wir uns, was denn unsere eigene Familie mit Vater, Mutter und Kindern noch bedeutet. Das ist wie bei einer Todesanzeige. Stirbt ein Mensch in meinem Alter, dann frage ich mich heimlich, wann ich wohl dran bin. Scheitert eine Ehe, dann werde auch ich mit Gedanken an Scheidung geplagt, ob ich will oder nicht. Dann tauchen die schrecklichen Tage und Nächte wieder auf, die ich am liebsten vergessen möchte: wo Gisela und ich meinten, unsere Ehe wäre am Ende. Unsere Nerven waren es ganz bestimmt, als wir gequält nebeneinanderher lebten, uns verbissen anschwiegen und jeder einen Panzer um seine Seele legte. Jeder fühlte sich im Recht und hielt sich für betrogen. Und wenn wir uns stritten, setzten wir uns weit auseinander. Jeder blieb in seiner Ecke. Äußerlich und innerlich weit weg vom anderen.

Du wirst diesen Zustand kennen. Ich war wie besessen. Ich wollte Gisela verletzen, weil ich verletzt war. Ich verwundete sie tief mit bösen Worten und harten Urteilen. Es war die Hölle!

Wenn man sich so gut kennt, weiß man auch, wo man ansetzen muß, um sich wirklich weh zu tun. Es waren Meisterstücke an Gehässigkeit, für die ich mich heute schäme. Natürlich gab ich ihr die Schuld an meinem Unglück. Sie war eben nicht die Frau, die ich mir erträumt hatte; sie war nicht so, wie ich sie mir wünschte. Sie hatte versagt, sie hatte mich enttäuscht. Und wenn sie dann weinte, und wenn ich keine Worte mehr fand, dann ging ich einfach hinaus und knallte die Tür hinter mir zu.

Ich weiß nicht, was schlimmer war: die elenden Auseinandersetzungen oder die stummen, wütenden Selbstgespräche, in denen ich noch viel mehr vorzubringen hatte gegen den Menschen, den ich vorher am meisten liebte. Auf die Dauer konnten wir so nicht leben. Und dann kamen eben die Überlegungen, ob es nicht besser wäre, wenn wir uns trennten. Und was dann? Was würde mit unseren Kindern?

Wir haben uns entschieden, zusammenzubleiben! Nach vielen, mühseligen Gesprächen kamen wir immer wieder zu demselben Schluß: Unsere Ehe bleibt! Das Versprechen, das wir bei der Hochzeit gaben, soll gelten, bis der Tod uns scheidet. Wir meinten, eine Trennung wäre eine Flucht. Auch mit einem anderen Partner hätten wir bald diese oder ähnliche Schwierigkeiten. Uns erschien es besser und verheißungsvoller, gemeinsam neu anzufangen.

Und es hat sich wahrhaftig gelohnt, für Gisela und mich und bestimmt auch für unsere Kinder. Wir sind inzwischen klüger geworden und wissen, daß unsere Ehe uns bindet und verpflichtet. Daß unsere Partnerschaft immer wieder unserer Eigensucht abgerungen werden muß. Wir haben damals keinen Privatvertrag abgeschlossen, der ungültig wird, wenn einer von uns beiden die Lust verliert und seine Freiheit will. Für uns ist die Ehe die beispielhafte Gemeinschaft für alles menschliche Zusammenleben. Wenn ich mein Ja-Wort zu meiner eigenen Frau nicht halten kann, dann sind für mich alle anderen Zusagen an Menschen auch fragwürdig geworden. Was sollte ich dann den jungen Brautpaaren noch predigen, die von mir getraut werden wollen?

Gisela und ich sind heute froh und sehr dankbar, daß wir einen neuen Anfang miteinander gemacht haben. Wir konnten nicht nur unseren Streit beenden, sondern wir fanden sogar, was ich vorher für unmöglich gehalten hatte: Nach einiger Zeit waren wir wieder glückliche Liebende.

Lieber Paul, was Gisela und mich am meisten bewegt, ist die Sorge um Eure Kinder. Wir wissen, wie sehr Du an ihnen hängst. Auch bei uns ging es damals um das Schicksal unserer Kinder. Wir konnten sie nicht ausklammern und fragten uns, was mit ihnen geschehen würde. Wenn wir uns die seelische Not der Kleinen ausmalten und was daraus für ihr ganzes Leben folgen würde, dann war das schrecklicher als die Aussicht für uns Eltern. Wir sahen das Ergebnis dutzendfach in unserer Nachbarschaft. Du solltest mal im Konfirmandenunterricht dabeisein, wenn wir die Ehe und das sechste Gebot besprechen. Einige der betroffenen Kinder kriechen in sich zurück und sagen keinen Ton mehr. Andere, die robusteren, machen ziemlich drastische und zynische Bemerkungen über die Ehe. Wir waren doch nicht nur für ihr leibliches Wohl verantwortlich, daß sie ihr Essen und Trinken hatten und Taschengeld für Kaugummi. Wir prägten doch auch ihr seelisches und geistiges Leben. Mit uns machten sie ihre Grunderfahrungen, von uns wollten sie lieben und hassen, vertrauen und enttäuscht werden lernen. Sie fühlten sich sicher und geborgen bei uns. Durften wir sie in einen Gefühlsabgrund stürzen? Durch ihr Vertrauen zu uns gewannen sie ihr Selbstvertrauen. Konnten wir sie dem Zweifel und vielleicht der Verzweiflung ausliefern? Wir wollten ihr Glücklichsein und ihr Lachen nicht zerstören. Und vielleicht war das mit ein Hauptgrund, warum wir unsere Ehe nicht aufgaben. Wenn es nur um uns selber gegangen wäre, hätten wir es vielleicht geschafft, getrennt mit einer inneren Wunde weiterzuleben. Manche Erwachsenen schaffen diese seelische Schwerstarbeit. Aber wenn nun unsere Kinder betroffen sind, wuchert das Unglück doch in die Zukunft. Sie müssen dann die Folgen unseres Scheiterns tragen. Zu ihren eigenen Mühen, die sie im Leben haben oder haben werden, bürden wir ihnen auch noch die Last unseres Versagens auf. Gisela und ich meinen jedenfalls, daß die Kinder unsere Freiheit und unsere Rechte beschränken, solange sie bei uns sind. Wir haben sie gewollt. Wir haben sie mit Begeisterung bekommen. Wir wollen sie immer noch. Wir lieben sie immer noch, auch wenn sie uns manchmal auf die Nerven gehen. Wir möchten ihnen keine Lebenshypothek aufladen, mit der sie vielleicht nie fertig werden, die sie im schlechtesten Fall sogar an die nächste Generation weitergeben. Sie sollen vertrauen können auf uns als Mutter und Vater.

Wenn Eheleute einzeln oder zu zweit zu mir kommen zu einem Gespräch über ihre Eheschwierigkeiten, nennen fast alle als Grund für ihre Probleme, daß die Liebe in ihrer Gemeinschaft erkaltet sei. Nicht immer wartet draußen schon ein dritter, der den Platz des Partners einnehmen soll. Sie sagen einfach: Ich empfinde nichts mehr für ihn oder für sie. Bestenfalls Mitleid, schlimmstenfalls Haß. Und sie meinen damit, daß die frühere Nähe und Zärtlichkeit unmöglich geworden ist, daß ihre Umarmungen sie unerfüllt lassen. Und ich verstehe sie durchaus, weil Gisela und ich auch durch solche Gefühlswüsten gegangen sind. Dann möchte ich ihnen, genau wie jetzt Dir, von unseren eigenen Erfahrungen erzählen. Dann möchte ich wie ein Engel reden können und berichten, wie es bei uns war. Wie wir uns immer wieder bemühten, bis zur Selbstverleugnung, daß wir uns zwangen, an unsere frühere Verliebtheit und an unser Versprechen zu denken. Wie wir aufhörten, die Türen zuzuschlagen, und anfingen, wieder ehelich und rücksichtsvoll miteinander zu reden über unsere Enttäuschungen und auch über unsere Erwartungen und Sehnsüchte. Wie wir zunächst nur höflich waren und dann wieder freundlich miteinander wurden. Und wie wir uns dann nach fünfzehnjähriger Ehe und nach den Krisen neu ineinander verliebten und neu voneinander begeistert sind. Und ich möchte ansteckend erzählen von der neuen Gemeinsamkeit, die innig und schön ist, daß wir reifer geworden sind, aber nicht weniger lebendig. Und daß wir noch viele Hoffnungen und Wünsche für unsere Ehe haben, selbst für später, wenn unsere Kinder aus dem Haus sind.

Gisela ist nicht zu meiner Traumfrau geworden. Ich bin auch heute noch nicht der ideale Mann. Wir lieben den anderen so, wie er ist.

Wie ich Dich kenne, lieber Paul, wirst Du jetzt denken, daß meine Ehe ja nicht Deine Ehe ist. Und was bei uns zum Erfolg führte, muß nicht auch bei Euch so verlaufen. Es gibt Ehen, die nicht mehr zu heilen sind. Manche Menschen haben sich selbst so sehr verloren, sich gegenseitig so zugrunde gerichtet, daß die alte Partnerschaft eher Gift als Medizin ist. Aber Ehen, in denen das sexuelle Feuer nicht mehr brennt, in denen man nicht mehr miteinander redet, oder nur noch streitet, in denen man sich Vorwürfe macht und grenzenlos enttäuscht zu sein meint, diese Ehen sind zu retten. Und wir sollten sie retten. Um unser selbst und unserer Kinder willen. Mit Verständnis und Vergebung fängt es an. Gibt es eigentlich noch lebenslange Bindungen? Ich für meine Ehe sage: Ja, es gibt sie! Erst auf dieser Grundlage können Gisela und ich die Höhen und Tiefen unserer Gemeinschaft durchmessen. Wir sind dankbar, daß wir die Krisen bisher gemeinsam überwunden haben. Und wir wünschen und hoffen und beten, daß Ihr beide auch einen neuen Anfang findet, gemeinsam, nicht getrennt!

Mit guten Wünschen grüße ich Dich herzlich – auch in Giselas Namen –

Dein W.

Willibert Gorzewski

»Gerade darin liegt meine Gnade«

Ich lese manchmal die Heiratsannoncen in der Zeitung. Da staune ich darüber, was manche Leute doch für eine hohe Meinung von sich haben. Aber ab und zu schüttle ich auch den Kopf, welch hohe Erwartungen an den zukünftigen Ehepartner gestellt werden. Da wird genau beschrieben, wie er aussehen muß; welche Eigenschaften unbedingt erforderlich sind usw. Wieviel Sehnsucht nach Vollkommenheit spricht sich darin aus – und dann nach ein paar Ehejahren entdeckt man plötzlich: Er ist nicht so, wie ich ihn mir wünschte – sie ist doch nicht die Idealpartnerin für mich.

Mancher wechselt dann den Partner, in der Hoffnung, das nächste Mal das ganz große Glück zu finden. Die Ehescheidungen heute sind doch nur zu verstehen vor diesem Hintergrund, eben weil ein Er oder eine Sie auf der Suche sind nach dem absoluten, einzigartigen, einmaligen Lebenspartner – und dann löst eine Enttäuschung die andere ab. Verlangen wir zuviel voneinander? Sind unsere Ansprüche zu hoch geworden? Dabei liegt doch der Sinn der Ehe nicht darin, sich gegenseitig die Bilder auszufüllen, die man voneinander entworfen hat, vielmehr besteht er doch darin, sich gegenseitig zu helfen, ein Mensch zu werden, verantwortlich, selbständig, verläßlich. Für überzogene Erwartungen und absolutes Glücksverlangen ist da kein Platz.

Ich habe zu diesem ganzen Problem vor kurzem einen bemerkenswerten Satz von Paul Claudel gefunden. In einem seiner Werke läßt er eine Frau sagen: »Ich bin das Versprechen, das nicht gehalten werden kann. Gerade darin liegt meine Gnade.« Wirklich ein seltsamer Satz – er könnte übrigens auch von einem Mann gesprochen worden sein.

Sich so gegenüberzustehen als das Versprechen, das nicht gehalten werden kann – und gerade darin liegt Gnade – wieviel Wirklichkeit kommt da zu Wort: »Du, meine Frau, sprichst sehr viel von mir, daß ich liebevoll, väterlich, fürsorglich, intelligent bin, aber ob ich das halten kann?« »Und du, mein Mann, sprichst sehr viel von meiner Anhänglichkeit, meinem Verständnis, meiner Geduld, meiner Tüchtigkeit. Täusche dich nicht, ich bin ein Versprechen, das nicht gehalten werden kann.« Ist das nun eine Bankrotterklärung der Ehe, oder ist das der Anfang von einem ganz neuen Nachdenken über die Beziehung zueinander?

Es ist doch wahr, wir wecken eins im anderen Sehnsucht, Erwartung, Verlangen. Aber wir können das nicht völlig sättigen, eins in dem anderen die Sehnsucht nach Liebe, Verbundenheit, Bereicherung niemals ganz stillen. »... ein Versprechen, das nicht gehalten werden kann.« Aber »gerade darin liegt meine Gnade«, heißt es. Welche Gnade? Nun, daß eins dem anderen deutlich macht: Ich kann nicht dein alles sein, einer, bei dem sich alles erfüllt und alle Sehnsucht zum Ziel kommt. Das geschieht bei jemand ganz anderem, bei Gott allein. Wir können uns bestenfalls einander in unserer Sehnsucht darüber hinausweisen. Bei ihm kommt alle Suche nach dem Absoluten, Vollkommenen, Einzigartigen zum Ziel. Darum hat Augustin nicht unrecht, wenn er sagt: »Unser Herz ist unruhig in uns, bis daß es Ruhe findet in dir, o Gott.«

Sonne, die auf die Seele scheint

»Ich fühl' mich recht wie neu geschaffen.
Wo ist die Sorge nun und Not?
Was mich noch gestern wollt' erschlaffen –
Ich schäm' mich des im Morgenrot!«

So wie in diesem Vers von Eichendorff kann das doch sein: Etwas, was uns gestern noch Kummer gemacht hat, ist an einem hellen, schönen, fröhlichen Morgen wie weggeblasen, wie ausgetrocknet. Und an so einem Tag, wenn er so ganz blank ist, da möchte man wirklich nichts eintragen von dem, was einen erschlaffte von Sorge und Not. Man möchte sich eigentlich von dieser Helligkeit anstecken lassen und sich ihr aussetzen, dieser Freundlichkeit, mit der die Sonne nicht nur den Tag erhellt, sondern bis in unsere Herzen hineindringen will. Eine Dichterin sagt dazu:

»Eigentlich nichts Schöneres unter der Sonne, als unter der Sonne zu sein!«

Das kann jeder in der Natur erleben. Aber dieses Licht sagt auch etwas über seinen Schöpfer und ist ein Symbol von großer Kraft. Da gibt es ein paar gute Sätze in der Bibel dazu. Einmal heißt es: »Die Gott lieben, die müssen sein, wie die Sonne aufgeht in ihrer Pracht« (Richter 5,31). Wie schön, daß auch ein Mensch vergleichbar ist diesem Kräftigen, diesem Hellen, diesem Strahlenden und Wärmenden, das die Sonne uns bedeutet. Die Gott lieben, sollen solche Leute sein. Und jeder an seinem Platz soll so sein, daß ein paar um ihn herum merken: Bei dem wird es hell, da entfaltet sich Leben, da ist etwas an ihm, das wärmt, so daß sich das Klima verändert.

Ein anderes biblisches Wort nimmt ebenfalls das Symbol der Sonne auf: »Gott ist Sonne und Schild« (Psalm 84,12). Er ist es, der uns herauslockt aus allen

Verkrustungen, der uns zum Blühen und Entfalten bringt, und zugleich der, der uns bewahrt. Ich fand einmal eine schöne Beschreibung dieses Bildes: Zwei Sonnen gibt es; die eine scheint auf die Welt, die andere auf die Seele. Jene, die auf die Welt scheint, vertreibt die Finsternis, die andere, die auf die Seele scheint, vertreibt die Furcht. Wenn die eine aufgeht, verblassen die Sterne, wenn die andere aufgeht, fallen die Fesseln.

Wege zum Frieden

Wer hat das schöne Himmelszelt
hoch über uns gesetzt?
Wer ist es, der uns unser Feld
mit Tau und Regen netzt?

Ach, Herr, mein Gott, das kommt von dir,
du, du mußt alles tun;
du hältst die Wach an unsrer Tür,
und läßt uns sicher ruhn.

Du strafst uns Sünder mit Geduld
und schlägst nicht allzusehr,
ja endlich nimmst du unsre Schuld
und wirfst sie in das Meer.

Paul Gerhardt

Was ein Teppich erzählt

Es gibt Dinge in unserem Leben, die laden geradezu ein, über sie nachzudenken. Zum Beispiel ein Teppich. Mancher bringt aus fernen Landen einen mit nach Hause und kann von ihm wunderbare Geschichten erzählen. Aber ich meine das jetzt etwas anders. Vielleicht erzählt so ein Teppich selbst eine Geschichte.

Man muß nur einmal ganz genau hinschauen. Was ist er doch für eine kunstvolle Sache! Diese prachtvollen Muster! Wenn man ihn umkehrt, sehen wir nichts als ein Gewirr von Fäden, und wir finden uns kaum zurecht. Aber der Meister, der ihn gewoben hat, kann dieses Durcheinander verstehen. Das Muster vor Augen, zog er die Fäden und nahm die Farben, so wie es ihm vorschwebte.

Solch ein Teppich kann etwas anschaulich machen für unser eigenes Leben. Auch da hat ja jedes sein eigenes Muster, keines gleicht dem anderen. Und doch sehen wir von diesem Lebensteppich oft nur die untere Seite. Wir wissen nicht, wie das Ganze einmal fertig aussehen wird. Wie alt wir auch werden mögen, es wird immer noch an unserem Lebensteppich gewoben. Da laufen die Fäden kreuz und quer: der rote Faden der Freude, der grüne Faden der Hoffnung, der blaue der Treue, der gelbe des Neides, der schwarze der Angst, der graue Faden der Sorge. Und das alles webt sich zum Ganzen, und erst das Ganze ist unser Leben. Der Meister, der den Teppich unseres Lebens webt, kennt das Muster. Für uns kommt es drauf an, ihm zu vertrauen. Da heraus wächst die Einsicht, die einer mit den Worten formuliert hat: »Ihr gedachtet es böse mit mir zu machen, aber Gott gedachte es gut mit mir zu machen« (1. Mose, 50,20).

Ein Geduldiger ist besser als ein Starker

Jede Zeit hat ihre Tugenden. Wenn man sich umsieht, so gehören heute besonders dazu: schnelle Auffassungsgabe, Engagement, Verantwortungsbewußtsein, prompte Erledigung – um nur einige aufzuzählen.

Von Geduld als einer Tugend ist selten die Rede. Ist in einer so schnellebigen Zeit dafür kein Platz mehr? Hat die Geduld ausgespielt? Wenn man so dem Treiben unserer Zeit zuschaut, mögen Tempo, Unruhe und Zeitgeist das bestätigen. Aber die Ungeduld schafft Spannungen, macht Beziehungen kaputt, geht gewalttätig mit der Zeit um.

Wir brauchen Geduld heute nötiger denn je. Sie vermag enorme Kräfte zu wecken. Wer den Problemen des Lebens gegenüber Geduld zu üben bereit ist, wird auf Lösungen treffen, auf die er mit Ungeduld nie gekommen wäre. Manche haben's nur noch nicht probiert, was sich mit Geduld alles erreichen läßt.

Junge Menschen haben da oft ihre Einwände. Das dauert ihnen alles zu lange. Vielleicht ist es tatsächlich ein Zeichen von Reife, wenn einer geduldig warten kann. Darum sagt ja die Schrift: »Ein Geduldiger ist besser als ein Starker, und der, der seines Mutes Herr ist, besser als der, der Städte gewinnt« (Sprüche 16,32).

Die ungeduldige Neugier, hinter ein Geheimnis kommen zu wollen, hat schon manches zerstört. Ungeduld ist also fast so etwas wie Lieblosigkeit, aus der heraus man sich gegenüber dem Lebenspartner oder einem Berufskollegen durchsetzt. Der Ungeduldige erwartet einfach, daß das ganze Leben sich nach seinen Zeitmaßen richtet. Darum wird in der Bibel immer wieder zur Geduld gemahnt. Ja sie wird sogar neben der Liebe, der Freundlichkeit, der Sanftmut und Selbstbeherrschung zu den »Früchten des Geistes« gerechnet (Galater 5,22).

Und damit niemand im unklaren darüber ist, wie das gemeint sei, wird ein Beispiel gegeben: »Siehe, ein Ackermann wartet auf die köstliche Frucht der Erde und ist geduldig darüber, bis sie empfange den Frühregen und den Spätregen« (Jakobus 5,7). Da wird nichts hektisch in Angriff genommen. Da werden Zeiten akzeptiert, und ganz bestimmten Entwicklungsphasen wird Raum gegeben. Geduld, die das Warten nicht aufgibt, und ein Warten, das der Ungeduld keine Chance gibt.

Geduld und Langmut sind Eigenschaften Gottes, von denen wir bis auf diesen Tag leben. Sollten wir nicht auch auf diese Weise »seines Geistes Kinder« sein?

Es ist sicher nötig, darum besonders zu bitten:

Herr, unsere Ungeduld hat in unserem Leben schon viel angerichtet. Wir sind damit über andere Menschen hergefahren, haben sie verstört und geängstet. Unsere Ungeduld hat uns den langen Atem des Wartens auf dich genommen, und wir haben uns in Zeit und Welt eingerichtet.

Wir bitten dich um neue Geduld, die unser Leben, unsere Verhaltensweisen, unser Warten bestimmt. Sie fällt uns heute besonders schwer. Aber wenn du uns teilgibst an deiner Geduld und deinem Erbarmen, dann können wir, was wir unserer menschlichen Natur nach nicht können: geduldig warten.

Glanz im Grau

Es gibt Tage, die sind alltäglichster Alltag. Es fehlen einem geradezu die Worte, um sie zu beschreiben, so alltäglich sind sie. Sie versprechen keinen Höhepunkt. Sie kündigen nichts Besonderes an. Sie lassen keine Überraschungen erwarten. Und wenn man das schon am frühen Morgen weiß, fällt es einem noch schwerer, auf so einen Tag zuzugehen. Ich möchte das aber auf keinen Fall bestätigen. Was wäre uns geholfen, wenn wir mit gegenseitigen Eingeständnissen die Unlust an einem solchen Tag verstärkten? Darum habe ich mich ein wenig umgehört, umgesehen, was man einander an solch einem alltäglichsten Alltag zusprechen könnte.

Da gibt es ein kleines Wort von Rainer Maria Rilke: »Wenn Dein Alltag Dir arm erscheint, klage ihn nicht an; klage Dich an, daß Du nicht stark genug bist, seine Reichtümer zu rufen!«

Das ist ein bedenkenswerter Satz, der uns davor bewahren will, alle Welt rundum anzuklagen, wenn es nicht so klappt, wie gewünscht. Und das ist sicher wahr, daß auch dieser alltäglichste Alltag irgend etwas verborgen hält, und dieses Etwas wartet darauf, daß wir es finden und uns damit den Reichtum auch dieses Tages erschließen. Vielleicht in einer bestimmten Begegnung, die er für uns bereithält, oder in dem fröhlichen Lächeln irgendeines Menschen, der uns über den Weg läuft, oder mit ein paar blühenden Blumen, die uns in die Augen fallen und etwas Glanz hervorzaubern.

Weiter freilich geht Albert Schweitzer: »Wir fühlen uns oft arm an Glück und Freude«, schreibt er. »Unser Leben erscheint uns leer und unbefriedigend, ohne daß wir wissen warum. Nun merkt euch: Die Zeiten der innerlichen Armut sind die Zeiten, wo ihr

Gott nicht dankt. Darum, wenn du dich schwach und matt und unglücklich fühlst, fang an zu danken, damit es besser mit dir werde. Zwing dein Herz dazu. Und wenn es verdrossen fragt wofür?, laß ihm keine Ruhe und zwing es, jetzt im Augenblick etwas zu suchen, wofür es danken müsse. Und wenn du nur das erste gefunden hast, dann kommt eins nach dem andern, und du wirst zuletzt nicht mehr fertig mit Danken.«

Also das macht den Alltag zum alltäglichsten, zum grauen, ohne Farbe und Glanz, daß man nichts findet, wofür man danken kann! Wenn ich es recht überlege, dann ist es ja auch so. Und wenn Sie jetzt recht überlegen, dann ist doch da viel dran. Ja, und wo fangen wir jetzt an mit dem Danken? Bei dem Menschen, der mich heute besonders beschäftigt oder vielleicht auch belastet.

Der weite Raum

Ich sage Ihnen nichts Neues, wenn ich behaupte, daß viele Menschen heute unsicher geworden sind. Das ist nun mal so: Wenn man in einer Zeit lebt, die alte Traditionen verabschiedet und neue Maßstäbe noch nicht gefunden hat, dann ist vieles in der Schwebe. Kein Wunder, daß sich manche heute nach neuen Ordnungen sehnen, die ihnen sicheren Boden unter den Füßen geben und die helfen, Entscheidungen richtig zu treffen.

Es fehlt nicht an Ratgebern, die uns eine ganze Menge versprechen. Aber es ist schon so viel versprochen worden und nichts oder nur wenig davon eingetroffen. Trotzdem kann jeder selber etwas dazu beitragen, daß heute im überschaubaren Raum seines Lebens Entwicklungen freundlich verlaufen.

Doch auch hier bedarf es ganz bestimmter Zusammenspiele, ganz bestimmter Regeln und Ordnungen. Nicht umsonst spricht man ja in letzter Zeit so viel von den Grundwerten, die freilich ein Grundverhalten voraussetzen.

Immer war es für den Menschen so, daß er sich umgesehen, umgehört hat, wo die Unsicherheit seiner kleinen und großen Welt aufgehoben wird. Und immer wieder hat man es mit diesen und jenen Ideen versucht, doch wie wenige davon hatten Dauer und Bestand. Das könnte uns wieder aufmerksam machen darauf, daß wir die Antwort ganz von außen erwarten sollten, von ihm, unserem Schöpfer und Gott, der nicht unkenntlich und fremd bleiben will. In Jesus begegnet er uns auf eine sehr verstehbare Weise. Menschlich, damit wir ihm uns öffnen, mit ihm reden und seiner Zuwendung gewiß sind.

Es gibt keine Situation und keine Erfahrung, die uns daran hindern könnte, das Gespräch, das vielleicht jahrelang abgerissen ist, wieder aufzunehmen. Das wäre sogar die Gelegenheit, Erfahrungen und Entdeckungen zu machen, von denen wir uns vorher nicht haben träumen lassen. Wir können mit Gott reden, wie ein Mann mit seinem Freund redet, so dicht und so wirklichkeitsbezogen und in einer Sprache, die unter Freunden möglich und nötig ist. Der Raum, den Gott uns da einräumt, ist weit und frei. Er ist so, daß vieles von unseren Ängsten und von unserem Mißtrauen endet, wenn wir nur erkennen, mit wem wir es zu tun haben. Dabei werden wir merken, daß er uns Gebote gegeben hat, aus denen wir Leben erfahren und nicht ständige Begrenzung.

Jedenfalls sollten wir es nicht dabei belassen zu sagen: Wir leben alle, natürlich! Sondern: Wovon leben wir, und wie bringen wir es fertig, zuversichtlich zu sein? Aus welchen Kräften beziehen wir den Mut, es immer von neuem zu wagen?

Was alles in uns abgestorben ist und was nie zum Leben erweckt worden ist, davon wissen wir eine ganze Menge. Aber neu dort zuzupacken, wo das Leben wie die Zeit dieses Tages vor uns liegt, und zu lernen, daß sich nichts von selbst versteht, am allerwenigsten das Leben – das wäre etwas. Im Grunde werde ich doch ununterbrochen beschenkt – und wofür? Und für wen?

Gott hat uns nicht auf die Welt geschickt, um auf ihr mit niedergeschlagenen Augen herumzugehen, sondern um seiner Spur zu folgen durch die Dinge, Geschehnisse und Personen. Man kann beten:

»Lieber Gott, du hast mich jetzt wieder aufgeweckt, damit ich unter die Leute gehe als ein Mensch, von dem man ablesen kann, daß es einen Gott auch wirklich gibt. Und daß er ein lieber Gott ist, ein Vater. Verzeih, daß ich dich so oft in Mißkredit bringe. Und hilf jenen, die dein bloßer Name schon überdrüssig macht – auch durch meine Schuld –, weil ich dich so schlecht vertrete schon seit vielen, vielen Jahren. Amen.« *Ernst Schnydrig*

Wer ist Jesus?

Das ist eine Frage, die unterschiedlich beantwortet werden kann. Der eine mag hinweisen auf die große historische Figur mit ganz bestimmten Überzeugungen, die bis in unsere Tage weitergewirkt haben. Das ist eine sozusagen objektive Aussage. Ein anderer mag davon sprechen, daß Jesus Gottes Sohn ist, und einzelne Sätze aus dem Glaubensbekenntnis zitieren.

Aber ob das jemandem wirklich Antwort auf die Frage gibt: Wer ist Jesus?

Vielleicht muß man darum noch direkter fragen: Wer ist Jesus für Sie, wer ist er für mich? Da muß Farbe bekannt werden. Bei der Antwort wird herauskommen, wie wir es mit ihm halten, was er uns bedeutet, welchen Zusammenhang es zwischen ihm und uns gibt.

Wer also ist Jesus, für Sie, für mich? Manchem verschlägt es die Sprache. So direkt gefragt, mag er nicht antworten. Er hat das Gefühl, daß er sich da nicht ganz auskennt. Er möchte auch nicht zuviel von sich verraten, vielleicht auch nicht zuviel von dem, was ihm unklar ist. Darum ist es gut, andere anzuhören, die ihre Überzeugung äußern.

Zum Beispiel ein Arbeiter: »Am eindrucksvollsten an Jesus ist für mich vielleicht, daß er immer wußte, was er tun mußte, wie er sich zu verhalten hatte. Und daß er in jeder Lage, so wie er uns geschildert wird, Bescheid wußte, was zu tun ist.«

Ein Berufsschüler: »Ich glaube lieber an einen Menschen, der etwas Gutes getan hat, als an ein überirdisches Wesen.«

Ein Theologiestudent: »Ich glaube, daß Jesus sich nicht geirrt hat. Das ist einfach ein Vertrauensakt. Und von daher nehme ich den Mut, ihm zu folgen.«

Das sind einige wenige, aber sie haben für sich selbst geantwortet. Darum noch einmal die Frage: Wer ist Jesus für Sie?

Fällt es Ihnen schwer zu antworten, weil vielleicht lauter Einwände herauskämen, die Sie gegen ihn haben? Oder haben Sie das Gefühl: Wer mit Jesus zu tun hat, muß gewisse Einsichten opfern? Aber vielleicht ist es notwendig, seine Verbohrtheit in eigene Vorstellungen zu opfern. Wer also ist Jesus für Sie?

Wir tun uns oft darum so schwer mit ihm, weil wir

denken, es sei ein bißchen wenig, was Gott ihm mitgegeben hat. Die leise Gewalt der Wahrheit, die unter den lauten Stimmen, die sich heutzutage so aufdringlich präsentieren, kaum noch zu Wort kommt. Weil wir so auf der Höhe der Zeit sind und sein wollen, meinen wir ja, wir müßten über Jesus hinauskommen, wir müßten ihn hinter uns lassen. Aber zu wem dann? Sicher, über das, was das Christentum heute ausmacht, müssen wir hinauswachsen. Aber über Christus? Seine Worte, sind sie wirklich überholt: »Liebt eure Feinde! Vergebt! Gesegnet die Friedensstifter!«?

Niemand kann sozusagen objektiv, aus der Distanz gegenüber Jesus, antworten, sondern immer nur so, daß er deutlich macht, wie er für ihn ist oder wie er ihn ablehnt, und warum.

Dabei wird sich in den Antworten unterschiedlicher Jahre unseres Lebens herausstellen, daß wir nicht mit ihm fertig werden. Warum sollten wir das auch? Er, auf den wir sehen sollen als auf den Anfänger und Vollender unseres Glaubens (Hebräer 12,2), ist es ja, der uns vorangeht im Leben und Glauben, begleitend und führend.

In manchen alten Liedern und Gesängen wird Jesus hoch gepriesen: »O erbarmungsreichster Herr Jesus, o Jesus, Heil aller, o Jesus, holde Vergebung« – und wie es da manchmal heißt. Das ist für uns heute nicht mehr so einfach nachzuvollziehen. Die alten Worte klingen nicht mehr, und sie haben für manchen oft mehr Schwellen aufgebaut als Zugang geschaffen. Darum müssen wir uns selber Gedanken machen, wie wir heute von ihm reden und wie wir Antwort geben auf die Frage: Wer ist Jesus für uns?

Zum Beispiel ist Jesus der, in dem Mensch und Gott zusammentreffen, so daß hier ganz klar herauskommt, wer Gott ist und wer der Mensch ist. Oder:

Jesus, die Mitte, um die wir mit unseren Fragen und Sorgen schwingen.

Vielleicht ist er auch der, in dem wir erkennen, wie Gott den Menschen gemeint hat, als das Versprechen Gottes, wie es einmal mit uns allen werden wird.

Und dann: Er ist das Gewissen unserer Welt, der, der uns unruhig macht. Der uns an etwas erinnert, das wir gerne vergessen hätten, und der das um unseretwillen tut und nicht um uns ein schlechtes Gewissen zu machen.

Und er ist der Zugang zu Menschen. Viele Zugänge haben wir heute verschlossen, und wir wissen manchmal nicht warum. Aber er stellt sich zwischen die, die einander feind sind, die sich gegenseitig nur bitter anschauen oder einander nicht mehr über den Weg trauen. Er stellt sich auch zwischen die, die das Glück der Gemeinschaft suchen – als den Zugang zum anderen Menschen.

Jesus ist ein Weg, der von allen Positionen weg dorthin führt, wo man sich nicht mehr vom anderen unterscheidet, sondern wo man mit ihm in dem verbunden ist, was man gemeinsam hat. So ist er der Weg über den Haß, über die Vergeltung, über das Freund-Feind-Schema hinaus, die Gestalt gelebten Glaubens unter uns, in der stimmt und auch getan wird, was einer sagt.

Und nicht vergessen sollten wir auch: Jesus ist das Merkmal der Geduld Gottes in unserer Welt, denn das meiste an Gottes Weltregierung ist doch seine Geduld. Sie ist kein Prinzip, sondern da ist ein Geduldiger und Gütiger. Er hat in Christus gleichsam Gegenwartsgestalt, so daß wir merken: Wir haben es nicht mit einer Idee zu tun, sondern mit jemandem, der dafür steht, daß Geduld Lebenspraxis wird.

Alles in allem: Seit Jesus unter uns gewesen ist, stimmt so ein Satz wie der von Rilke nicht mehr:

»Der Weg zu Gott ist furchtbar weit, und weil ihn lange keiner ging – verweht.« Er ist diesen Weg gegangen, und ich denke manchmal, wenn er heute unter uns wäre, hier, er würde neue Bilder für sich wählen, damit wir ihn noch besser erkennen. Wir kennen die Bilder: »Ich bin der Weg, ich bin die Wahrheit, ich bin das Brot« (Johannes 6,35 und 14,6). Und wir wissen, was er uns darin mitteilt: sich selbst als Zukunft, als Möglichkeit, unterwegs zu sein, als Gewißheit auf diesem Weg und als das, wovon wir leben können.

Und wie würde er heute von sich sagen? Vielleicht: Ich bin die Brücke. Und jeder weiß genau, zu wem er besonders einen Brückenschlag braucht, und auch, wo er selber verankert sein muß, damit er auf diese Brücke treten kann.

Vielleicht würde Jesus auch sagen: Ich bin das Haus. Und wir denken an die Häuser, in denen wir wohnen, denken aber auch an die Häuser in Hinterhöfen, in denen es so viele Verstörte gibt und oft alles nach Gefängnis ausschaut. Und doch will er Fenster und Türen öffnen zu den Höfen der Hoffnung.

Und vielleicht würde er sagen: Ich bin die Freiheit. Und er würde sie beschreiben, wie er sie gelebt hat, und damit anders, als wir sie oft uferlos und grenzenlos in Anspruch nehmen.

Und vielleicht würde er auch sagen: Ich bin die Krise. Und wir, die wir Angst haben vor jeder Krise, würden lernen zu entziffern, mit wem wir es eigentlich darin zu tun haben.

Und vielleicht würde Jesus sagen: Ich bin die Zukunft. Ja, da wüßten wir, wo es hingeht. Gedanken sind unterwegs, Hoffnungen. Hände strecken sich aus, wir werden erwartet.

Augen sehen uns an, die wir nicht sehen. Barmherzige Augen, die über uns wachen. Nicht, um uns von allen Seiten zu beäugen, so daß uns unwohl wird dabei, sondern angesehen sind wir in diesem letzten umfassenden Sinn.

Wir können gleichgültig sein, uns wehren oder ihm Vorwürfe machen. Aber wir können ihn nicht hindern, daß er uns liebhat. Wie sollten wir das auch, da er über unserem Leben doch aufgehen will wie ein Licht, in dem es Wärme gibt und in dem die Freude aufstrahlt, die von Angst nicht mehr ausgelöscht werden kann.

Worte zielen auf Taten

Das Mißverhältnis zwischen unseren Worten und Taten wird uns tagtäglich deutlich, und je mehr es sich um große Worte handelt, um so schwerer ist es, ihnen die entsprechenden Taten folgen zu lassen. Wie sollte das für Christen nicht ganz besonders gelten?

Man mag Christen manches vorwerfen. Und das geschieht ja auch immer wieder heutzutage. Da ist man nicht pingelig in der Aufzählung all dessen, worin Christen versagen. Da braucht man gar nicht erst die Kirchengeschichte einschließlich der Kreuzzüge zu zitieren, um hier genug Material an der Hand zu haben. Und es ist ja auch wahr! Das ist ja auch ein Problem!

Die Bibel, die Worte Jesu geben uns viele Anweisungen zum Leben. Da wird kaum irgendeine Beziehung ausgespart, für die es nicht eine hilfreiche Orientierung gäbe. Aber wie schwer findet dieses Wort in unser Tun hinein!

Weil das so ist, darum haben sich ja manche abgewendet. Sie sagen, es komme nicht auf die großen Worte an, nicht auf die frommen Gedanken, nicht auf die religiösen Bekenntnisse; ein Mensch solle nach seinem Tun, nach seinen Taten beurteilt werden.

Und da gibt es Leute neben uns, die mit ihrem Verantwortungsgefühl für andere, mit ihrer Geduld und Liebe anderen weiterhelfen. Und wenn man sie nach Glauben und Christsein fragt, dann schütteln sie mit dem Kopf oder machen auf andere Weise deutlich, wie wenig sie damit noch in Verbindung stehen – oder gar nicht!

Ich weiß nun freilich, daß manche Christen solchen menschlichen Wohltätern kritisch gegenüberstehen, skeptisch. Sie haben ein ganz bestimmtes Schema, das sie ganz gern erfüllt sehen möchten, ehe sie jemanden als den Ihren akzeptieren.

Nun will ich nicht die eine Gruppe gegen die andere ausspielen. Ich möchte nur einmal wieder daran erinnern, was in der Bibel steht. Zum Beispiel: »Seid Täter des Wortes, nicht Hörer allein« (Jakobus 1,22); oder »Wer die Wahrheit tut, der kommt zu dem Licht« (Johannes 3,21); oder »Seid nicht träge in dem, was ihr tun sollt« (Römer 12,11); oder: »Ich, der Herr, gebe einem jeden nach seinem Tun« (Jeremia 17,10).

Von diesen Erkenntnissen her hat Gustav Werner, der Gründer des Reutlinger Bruderhauses, den Satz geprägt: »Was nicht zur Tat wird, hat keinen Wert!«

Wie auch immer – wenn nur deutlich wird, daß Wort und Tat zusammengehören. Denn einmal werden wir danach gefragt werden, wie wir es damit gehalten haben.

Dazu eine kleine Geschichte von Werner Reiser: »Ein Mensch hatte ein Buch Gottes geschenkt bekommen und freute sich darauf, es ernsthaft zu studieren. Auf dem Heimweg aber geriet er in ein Feuer und konnte nur das nackte Leben retten. Auch das

Buch ging dabei verloren. Zuerst war er lange traurig. Aber dann erinnerte er sich, oftmals gehört zu haben, daß in diesem Buch nur das Beste und Tiefste stünde. Und er sagte sich: Dann muß ich leben, als ob ich es gelesen hätte. Vielleicht kann ich so den Verlust des Buches ausgleichen. Und er ging hin und tat ein Leben lang Gutes und Versöhnliches.

Als er aber starb und vor Gott trat, wurde er gefragt, was er für ihn getan habe. Der Mensch neigte den Kopf und antwortete: ›Herr, ich weiß es nicht, was ich für dich hätte tun sollen. Ich habe das Buch verloren, in dem es geschrieben stand. Vergib mir!‹ Da befahl Gott: ›Bringt ihm sein Buch!‹ Da traten viele Menschen auf, die er getröstet, ermutigt und versöhnt hatte. Und Gott sprach: ›Das ist dein Buch. Du hast gelesen, ohne zu buchstabieren, und verstanden, ohne zu wissen.‹ Da verstummte der Mensch vor Schrecken und Freude.«

Jesus sagt: »Was ihr getan habt einem unter diesen meinen geringsten Brüdern, das habt ihr mir getan« (Matthäus 25,40). Menschen werden eines Tages für oder gegen uns sprechen. Es wird dann herauskommen, wie es gewesen ist mit unseren Worten und unseren Taten.

Richtet nicht!

Sicher haben Sie das auch schon erlebt, daß einer sich abfällig über Sie geäußert hat. Das kann einem schwer zu schaffen machen, zumal dann, wenn man sich mißverstanden fühlt oder wenn irgendwelche Darstellungen so gewendet werden, daß man das Gefühl hat, du kommst aus diesen Vorurteilen nicht mehr heraus. Dabei tappt doch jeder von uns einmal daneben. Meistens freilich sind wir auf der anderen

Seite. Dort, wo man über den anderen urteilt. Beinahe überscharf sehen wir ihn, wie durch ein Vergrößerungsglas. Und wir sind dann nicht zimperlich, uns auch mit entsprechender Schärfe zu äußern. Dabei fühlen wir uns sogar im Recht. Wann war's zum Beispiel bei Ihnen das letzte Mal, daß Sie so über einen anderen geurteilt haben? Im Betrieb, in der Schule, in der Familie? Wieviel Vorurteile werden geäußert, die oft genug Endurteile sind! »Immer am lautesten hat sich der Unversuchte entrüstet« (Werner Bergengruen).

Jesus sagt: »Richtet nicht, auf daß ihr nicht gerichtet werdet. Was erkennst du den Splitter in deines Bruders Auge und siehst den Balken nicht in deinem Auge« (Matthäus 7,1–5)! Das ist eine starke Sprache. Sie ist ebenso stark wie die, die wir anwenden, um unsere scharfen Beurteilungen über andere zu Wort kommen zu lassen. Es scheint uns elementare Lust zu bereiten, über andere zu Gericht zu sitzen, sonst würde Jesus nicht warnen: Richtet nicht! Er weiß etwas davon, wie schnell jemand hingerichtet ist mit dem, was laut gesagt oder was hinter vorgehaltener Hand über ihn behauptet wird.

Wie kommt es überhaupt zu solchem Richten? Da ist jemand neben uns, an dem gefällt uns etwas nicht. Und während wir vielleicht anderen gegenüber großzügig sind, legen wir bei dem alles auf die Goldwaage, sehen ihn mit einem überwachen und überscharfen Auge. Und wieder fällt mir ein biblisches Wort ein, das mich hier nachdenklich macht. »Der Mensch sieht, was vor Augen ist« (1. Samuel 16,7) – und so ist es ja auch. Wir sehen oft nur die Oberfläche, auf der sich einiges kräuseln mag. Jedenfalls sehen wir, was vor Augen ist. Aber dieser Satz geht noch weiter. Im Lutherdeutsch haben wir gelernt: »aber Gott sieht das Herz an«, eine Formulierung, die beschreibt, wie er tiefer sieht und wie wir von ihm nicht einfach nur nach der Oberfläche beurteilt werden, sondern nach dem Herzen, von wo aus unsere Entscheidungen fallen. Genau übersetzt heißt es aber: »Doch Gott siehet mit dem Herzen.« Darauf kommt es im Grunde an. »Der Mensch sieht, was vor Augen ist, aber Gott sieht mit dem Herzen.« Also nicht unbeteiligt, nicht einfach so daherfahrend. Nicht schnell fertig mit dem Wort und dem Urteil. Er, Gott, sieht mit dem Herzen. Schwingt da nicht etwas mit von jenem Verstehen gegenüber den Situationen, in die wir geraten? Etwas von dem Erbarmen, mit dem er einen Menschen ansieht? Wird damit nicht sozusagen überhaupt erst der wahre Blickwinkel geöffnet? Wir werden auch heute genug Gelegenheit haben, uns als Kollegen, Eheleute, Tarifpartner, Politiker zu begegnen, zu beurteilen, anzuschauen. Aber wir sollten dabei nicht vergessen: »Richtet nicht, auf daß ihr nicht gerichtet werdet!« Vielleicht ist es dann nicht weit zu jenem Wort: »Der Mensch sieht, was vor Augen ist, aber Gott sieht mit dem Herzen!« Solch einen Blick, der sich an ihm orientiert hat, ehe er sich über den Nächsten senkt, so einen Blick füreinander wünsche ich Ihnen.

Unterwegs in Richtung Frieden

Mitten in all unsere Verhältnisse, wie immer sie sein mögen, hinein sagt Jesus: »Glücklich die und selig zu preisen, die Frieden machen, denn sie sollen Gottes Kinder genannt werden« (Matthäus 5,9).

Da steht nun so unverbunden nebeneinander das, was wir erleben, und das, was uns als Richtung gewiesen wird. Wir sehen das vielleicht auch ein, aber – die große Unbekannte in dem allem sind wir selbst, der Mensch. Und die Welt ist eben so, wie wir sind, ein Spiegel unseres Wesens. Manchmal wird man auf so eine Wahrheit gradezu mit dem Kopf draufgestoßen. Da möchte der Vater seine Ruhe haben. Nimmt eine alte Zeitschrift zur Hand, reißt ein Blatt heraus, auf dem eine Weltkarte abgebildet ist. Er zerreißt das Papier in lauter kleine Stücke und gibt sie dem Sohn, der um ihn herumwirbelt, und sagt: »Hier, ich hab einen herrlichen Zeitvertreib für dich. Nimm diese Papierfetzen und setz' mal die Welt wieder schön zusammen.« Er glaubt, jetzt seinen Sohn für einige Zeit beschäftigt zu haben. Aber viel zu schnell kommt der kleine Kerl mit der zusammengesetzten Weltkarte wieder herein. »Wie hast du das bloß angestellt?« fragt der Vater. »Das war ganz einfach«, sagt der Kleine, »auf der Rückseite war das Bild von einem Menschen, und ich brauchte nur den Menschen wieder zusammenzubasteln, und da war die Welt auch wieder ganz.« So ist das, wer die Zerrissenheit des Menschen zurechtbringt, macht die Welt wieder ganz.

Gott hat genau an dieser Stelle angesetzt. Mit Jesus Christus. Mit ihm hat das Neue angefangen, der Friede, der nun unter uns aufgerichtet werden soll. Mit ihm sind wir unterwegs in Richtung Frieden.

Aber weil es da hinten und vorn hapert unter uns, verstehen wir um so besser die Bitte: »Herr, mache mich zum Werkzeug deines Friedens.« Wie das dann aussieht? Nun, einmal nicht zurückschlagen, wenn man provoziert wird, sondern Geduld haben. Ertragen, daß jemand anderer Meinung ist. Freundlich umgehen mit jemandem, der es eigentlich nicht verdient hat. In dem Gebet von Franz von Assisi wird das ziemlich genau beschrieben:

»Daß ich Liebe übe, wo man sich haßt.« Da sind die Konflikte des Alltags, und mitten darin gilt es die Richtung Frieden anzugeben durch Friedenstiften.

»Daß ich verzeihe, wo man sich beleidigt.« Also den Anfang machen. Das ist oft das Schwierigste beim Friedenstiften. Wer macht den Anfang, wer streckt zuerst die Hand aus und sagt: Komm laß uns einen neuen Anfang machen, das Gestern und Vorgestern soll nicht mehr Gewalt über uns haben?

»Daß ich verbinde, wo Streit ist.« Welch eine Aufgabe! Menschen zusammenzubringen, statt sie gegeneinander aufzuhetzen. Da braucht es viel Geduld. Geduld, die sich durch nichts enttäuschen läßt. Und manchmal muß man auch etwas wagen, im Grunde sich selbst.

»Daß ich Hoffnung erwecke, wo Verzweiflung quält.« O ja, daß wir nicht einer des andern Wolf oder Zerstörer sind, sondern einer des andern Hoffnung werden, damit er nicht mehr hochgeht, wenn er uns nur sieht, sondern das Gefühl hat: Bei dem bin ich gut aufgehoben.

»Daß ich ein Licht anzünde, wo die Finsternis regiert.« Jemand sein, der in die dunklen Haßzonen unseres Alltags Helligkeit einbringt, der Frieden ausstrahlt. Da ist es vorbei mit der stumpfen Phantasielosigkeit, da leuchten Einfälle auf, und es gelingen Kompromisse.

»Daß ich Freude bringe, wo der Kummer wohnt.« Wie viele warten da wohl heute darauf, daß gerade Sie ihnen ein bißchen Freude machen! Menschen hungern nach einem lösenden Wort, nach einer versöhnenden Geste, nach einem herzlichen Lachen.

»O Herr, mache mich zum Werkzeug deines Friedens.«

Ja, mit dieser Bitte könnte es anfangen, das Unterwegssein in Richtung Frieden.

Spuren legen

»Es sei denn eure Gerechtigkeit besser als die der Schriftgelehrten und Pharisäer, so werdet ihr nicht in das Reich Gottes kommen« (Matthäus 5,20), sagt Jesus in der Bergpredigt. Bessere Gerechtigkeit, was ist das denn? Heißt das, zu dem vielen, was einen schon belastet, nun noch etwas hinzuzubekommen? Nein, die bessere Gerechtigkeit ist nicht in neuen Programmen zu suchen, wie man etwas besser organisieren kann, auch nicht in Paragraphen, wo noch strengere oder andere Ordnungen uns auferlegt werden. Die bessere Gerechtigkeit besteht in einer anderen Art Mensch zu sein. Ein Mensch ist los von sich, frei von dem Zwang, sich selbst darstellen zu müssen in Leistungen und Erfolgen oder im Besitz. Frei, weil er die Gewißheit seines Lebens in dem Ja der Liebe Gottes zu ihm gefunden hat. Frei dann aber auch für die elementare Gerechtigkeit zwischen Menschen, die Spuren unter uns legt, aus denen man Güte und Erbarmen herauslesen kann.

Auf Menschen dieser Art wird es ankommen. Über solche Menschen schrieb der Rektor einer führenden technischen Hochschule in der USA:

»Die Leistung des wiederentdeckten Menschen wird nicht in Kilowatt, nicht in Dollar, nicht in Mark, nicht in Kilometern und nicht in Bruttotonnen zu erfassen sein. Was ein Mensch leistet, wird vermutlich überhaupt nicht mehr durch Quantitäten gemessen werden, sondern an der Wirkung, an dem Einfluß, an der Weise, wie er das seelische und geistige Klima seiner Zeit mitgestaltet. Ob er zum Unglück oder

Glück der Lebenden und der Kommenden beiträgt.«

Da wird etwas gebahnt, da zeigt einer auf eine Möglichkeit, wo man hintreten kann, ohne herabzustürzen, da kann man einen Weg finden. Was wir oft an Ungerechtigkeit einander angetan haben, das ist nicht spurlos an uns vorübergegangen. Aber nun können wir füreinander auch etwas anderes tun.

Da hat man lange nur das Notwendigste geredet und sagt heute ein freundliches Wort. Das ist so eine Spur.

Oder: Seit Tagen an der Tochter herumgemäkelt, aber heute sie gelobt. Auch das ist so eine Spur.

Oder: Wochenlang nicht geschrieben und heute ein dankbares Lebenszeichen gegeben. Auch so eine Spur.

Seit letzten Freitag ihn geschnitten, wo immer man ihn traf, und heute ihm die Hand gegeben. Das auch.

Oder: Seit dem Erbstreit keinen Kontakt mehr miteinander und heute telefonisch einen Treff ausgemacht.

Es gibt viele Möglichkeiten, solche Spuren zu legen, in denen wir mit einem anderen Verhalten als gewohnt reagieren.

Der Weg durch diesen Tag kann jedenfalls anders aussehen, wenn wir nicht vergessen, welche Spuren wir mit Güte und Erbarmen legen können. Eins wissen wir dabei sicher: Wir sind unterwegs in Richtung Frieden. Ist das nicht sehr viel in einer Zeit, in der so oft von mangelnder Orientierung geredet wird?

Laßt die Sonne nicht über eurem Zorn untergehen

Unterwegs in Richtung Frieden zu sein ist ein Weg, auf dem man dauernd zu stolpern droht. Einer dieser Stolpersteine sieht so aus, wie Jesus das in der Bergpredigt beschreibt: »Ihr wißt, daß euren Vorfahren gesagt worden ist: Du sollst nicht töten. Wer einen Mord begeht, der soll vor Gericht gestellt werden. Ich aber sage euch: Schon wer auf seinen Bruder zornig ist, gehört vor Gericht« (Matthäus 5,21.22). Der Zorn also einer von den Stolpersteinen! Die Situation ist uns nur allzu bekannt. Es hat scharfe Worte gegeben, bittere Worte, die Stimmung hat sich aufgeschaukelt, und nun ist der schönste Krach da. Wie auch immer – jedenfalls hat es geknallt. Meistens weiß man hinterher gar nicht mehr so genau, wie es angefangen hat. Die Anlässe sind nichtig genug und auch oft schnell vergessen. Aber daraus geworden ist: Zorn auf der ganzen Linie. Und was nun? In der Bibel steht der bemerkenswerte Satz: »Laßt die Sonne nicht über eurem Zorn untergehen« (Epheser 4,26). Die Bibel unterscheidet nicht, was wir manches Mal so sorgfältig unterscheiden, wenn wir von gerechtem Zorn reden oder wenn wir den unheiligen Zorn ablehnen. Nein, immer sind wir ganz beteiligt: Wenn der Gaul mit uns durchgeht, die Zornesröte uns ins Gesicht steigt, die Ader schwillt – so oder ähnlich redet man doch von uns, wenn wir in Fahrt sind. Hier werden keine Unterschiede gemacht. Zorn ist Zorn. Und immer ist er eine Mischung von vielleicht gerechter Entrüstung und ungerechter Unterstellung. Es schaukelt sich da etwas auf, bei dem man keine Rücksichten mehr kennt. Was dabei herauskommt, ist bitter genug.

Wie bitter, das wissen wir, wenn wir uns daran erinnern, wie nach unseren Zornesausbrüchen das große Schweigen einsetzt. Die Entfremdung, in der man zueinander auf Distanz geht. Man kapselt sich ein. Und in schlaflosen Nächten frißt der Zorn tiefer und tiefer, und die täglichen Begegnungen werden zur Qual. Jesus sieht den Zorn benachbart der letzten Konsequenz: daß man jemanden am liebsten aus seiner Gegenwart auslöschen möchte.

Darum muß man dem Zorn eine Frist setzen. Die Sonne soll nicht über eurem Zorn untergehen. Das ist eine Lebensregel, die geradezu darauf wartet, ausprobiert zu werden. Und wer das tut, setzt gegen die Maßlosigkeit ein neues Maß. Er sucht nach einem neuen Weg, nach dem, der in Richtung Frieden führt. Und er sucht nach anderen Worten als nach den bitterbösen, die einem so leicht über die Zunge gehen. Was wir brauchen in solchen Situationen, sind Worte, die wie Brücken sind, wie eine ausgestreckte Hand. Eine Geste, die deutlich macht: Ich bin offen für dich, ich komme dir entgegen, ich suche nach Verständigung.

Also wie wär's heute mit dieser neuen Richtung, angegeben mit dem Satz: Laßt die Sonne nicht über eurem Zorn untergehen? Wir haben einen ganzen Tag Zeit, um von allen anderen Richtungen weg in Richtung Frieden einzuschwenken. Eigentlich geht es auch gar nicht anders.

Schon im Buch Sirach heißt es: »Ein Mensch hält gegen den anderen am Zorn fest und will bei dem Herrn Gnade suchen? Er ist unbarmherzig gegen seinesgleichen und will für seine Sünden bitten?« (Sirach 28,3–4). Man könnte fortfahren: Er kann gar nicht anders, dieser Mensch unter Gott, als dem Zorn absagen und Frieden machen.

Die Kunst nachzugeben

Jesus sagt einmal in der Bergpredigt: »Wenn du zum Altar gehst, um Gott deine Gaben zu bringen, fällt dir dort vielleicht ein, daß dein Bruder etwas gegen dich hat. Dann laß deine Gabe vor dem Altar liegen, geh zuerst zu deinem Bruder und versöhne dich mit ihm. Danach kannst du Gott dein Opfer bringen« (Matthäus 5, 23.24).

Könnten Sie jemanden beim Namen nennen, der etwas gegen Sie hat? Meistens ist das ja nicht einseitig. Da ist etwas vorgefallen zwischen zweien, sie haben sich zerstritten. Eine Freundschaft ist in die Brüche gegangen, eine Gemeinschaft zerrissen. Und vielleicht hat es den Moment gegeben, wo einer den andern zur Rede gestellt hat, weil da etwas war, was nicht hätte sein dürfen. Und nun steht man voreinander, die Arme verschränkt, verschlossen, zugeknöpft, abweisend. Da gibt es keine Geste der Versöhnung, da neigt sich nicht der Kopf, um den anderen um Verständnis zu bitten, in seinen Augen danach zu suchen, ob es da noch so etwas gibt wie eine offene Stelle, durch die gute Gedanken, versöhnliche Gesten und Worte Eingang finden könnten. Sich ja keine Blöße geben, ja nicht den ersten Schritt tun, er könnte mißverstanden werden als ein Nachgeben. Und Nachgeben, das ist doch immer Schwäche.

Und da steht man dann voreinander, hochmütig in dem Gefühl, im Recht zu sein. Aber was ist das für eine Haltung? Darin wird die Brüderlichkeit verraten. Jene Brüderlichkeit, in der wir eigentlich immer zusammengehören, weil Gott den einen dem anderen zugewiesen hat als Gabe und Aufgabe. Wenn mir darum einfällt, daß einer etwas gegen mich hat, soll mir das ein Impuls werden: Du, du mußt deine Richtung ändern in Richtung Frieden und Versöhnung.

Wir wissen schon, was wir dann zu tun haben. Denn es ist unsere Aufgabe, teilzunehmen am Dienst der Versöhnung. In der Bibel steht der Satz: »Gott hat uns mit sich selber versöhnt durch Christus und hat uns das Amt gegeben, das die Versöhnung predigt. Wir sind Botschafter an Christi Statt« (2. Korinther 5,19.20). Das heißt doch: Gott hat den Anfang gemacht mit der Versöhnung, und Jesus sagt: Laß erst mal alles andere liegen und geh zu deinem Bruder und versöhne dich mit ihm. So als gäbe es jetzt nichts Wichtigeres als dies, und das ist ja auch wahr:

Versöhnung ändert alles, Menschen und Verhältnisse. Da kann man nicht mehr im alten Freund-Feind-Schema beharren. Da lernt man die Kunst nachzugeben. Da vergeht einem die Selbstgerechtigkeit, die dauernd den eigenen Horizont einengt. Die Angst wird überspielt und das Mißtrauen, das immer dabei ist, wo Gegensätze sich verhärten. Da setzt man gegen geballte Fäuste offene Hände, denn wie anders wollen wir uns denn Christen nennen? Christus hat unsere Welt mit dem Merkmal der Versöhnung versehen. Und er hat unter uns die Zeichen gesetzt, an denen wir unsere Richtung finden können, um dorthin unterwegs zu bleiben.

Darum, wenn wir heute auf dem Weg sind, und es fällt uns dabei ein, daß ein anderer etwas gegen uns hat, wir sollten diesen Gedanken nicht beiseite schieben. Das könnte der Anfang sein von dem neuen Brückenschlag.

Ehrlich sein

Welche Eigenschaften würden Sie sich wünschen bei Ihren Kolleginnen und Kollegen, überhaupt bei den Menschen Ihrer Umwelt – und bei sich selbst? Ob dazu die gehört, die im folgenden kleinen Satz angesprochen wird: »Alle Fehler, die man begeht, sind eher zu verzeihen als die Mittel, die man anwendet, um sie zu verbergen.«

Es geht um die Ehrlichkeit. Dazu möchte ich eine Geschichte erzählen: Mir ist in letzter Zeit eine Durchsage im Radio aufgefallen mit etwa folgendem Text:

»Der Fahrer des PKW mit dem polizeilichen Kennzeichen XY, unterwegs auf der Autobahn Stuttgart–München, wird dringend gebeten, sofort anzuhalten, es besteht der Verdacht, daß an den Hinterrädern die Radmuttern nicht angezogen wurden.«

Als ich das hörte, dachte ich: Es ist doch erstaunlich, daß es das gibt. Mitten in dem hektischen Betrieb einer Reparaturwerkstatt fällt einem Mechaniker in irgendeinem Moment siedendheiß ein: Du hast vergessen, beim Reifenwechsel die Radmuttern ganz fest anzuziehen. Vielleicht ist es auch so: Mehrere waren an dem PKW beschäftigt. Jeder hat sich auf den anderen verlassen, und dann hat eben keiner das getan, was am Schluß nötig war: die Radmuttern festzumachen. Aber das zuzugeben, das ist doch nicht einfach. Zu seinem Meister hinzugehen und zu sagen: Meister, ich habe Pfusch gemacht. Wir haben uns einer auf den anderen verlassen, aber nun sind die Radmuttern nicht angezogen worden. Dazu gehört schon Mut. Und wenn das dann noch über den Rundfunk als Warnruf kommt, dann wird sich manche Firma genieren. Es gibt Ärger, einen Rüffel vom Meister, und der Chef des Unternehmens wird sich da auch ziemlich deutlich äußern.

Aber ist das nicht alles unwesentlich vor dieser Ehrlichkeit, mit der jemand den Mut hat zu sagen: So ist das, das habe ich versäumt. Hier bin ich schuldig, ich möchte alles tun, damit nicht ein anderer daran zugrunde geht?

Jedenfalls, wenn ich mir eine Tugend wünsche, dann ist es diese Art Ehrlichkeit, die sich nicht scheut, etwas zu riskieren. Nämlich sich selbst und vielleicht seinen Ruf, immer zuverlässig gearbeitet zu haben. Man riskiert, daß der Meister sagt: Gerade von Ihnen hätte ich das nicht erwartet.

Wenn das Schule machte, so ehrlich aufeinander zuzugehen, das könnte Konsequenzen haben. Auch wenn einer zuvor ganz viele Schwellen überschreiten muß, ehe er den Weg findet, um seine Fehler einzugestehen. Hoffentlich haben Meister und Chefs dann so viel Verständnis, und hoffentlich gibt es so ein Betriebsklima, wo man sich traut, die Wahrheit zu sagen.

Manchmal hat man den Eindruck, Ehrlichkeit gilt heute nicht mehr so ganz viel. Sie steht ein bißchen hintenan. Aber es kann ein anderer am Fehlen dieser Tugend zugrunde gehen, verunglücken. Darum ist es erstaunlich und hochwillkommen, daß es sie noch unter uns gibt und daß sie hoffentlich immer wieder erprobt wird.

Aber für mich ist Ehrlichkeit noch etwas ganz anderes. Sie ist wie ein Spiegel, der mit dem Wort aus dem Johannesevangelium zu tun hat: »Wir sahen seine Herrlichkeit, eine Herrlichkeit als des eingeborenen Sohnes vom Vater, voller Gnade und Wahrheit« (Johannes 1,14).

Mit der Gnade und der Wahrheit hat Christus unter uns gelebt. Wir können etwas widerspiegeln von dieser Wahrheit, die sich zum Beispiel in solch einem ehrlichen Eingeständnis erweisen kann, wo einer nicht nur an sich denkt und irgendwo untertaucht in der Masse der Betriebsangehörigen, sondern sagt: Ich war's. Und es ist dann an den Chefs und an den Meistern, etwas von der anderen Wirklichkeit widerzuspiegeln, die Jesus auch gebracht hat: von der Gnade. Gnade, das heißt doch: Du bist nicht unten durch für mich, ich helfe dir. Ich bring's schon zurecht. Du wirst sehen, es kommt in Ordnung.

Also versuchen wir es doch einmal mit der Ehrlichkeit – nicht nur in Reparaturwerkstätten, sondern auch in Kaufhäusern, im Landtag, in Kasernen, in der Straßenbahn ... und im Zusammenleben daheim.

Lieber Gott, mach mir Mut, ehrlich zu sein, keine Angst zu haben vor der Wahrheit, auch wenn sie mich ein bißchen entlarvt. Bei dir sind Gnade und Wahrheit. Laß es bei uns im Umgang miteinander nicht anders sein.

Dann also einen ehrlichen Tag heute!

Ein Tag umschließt viel

Streit hielt uns gefangen, Frieden haben wir geschaffen; Glück ward uns beschieden – Enttäuschung uns bereitet; da gab es an einem Tag Gelingen und es gab Mißerfolge.

An manche Begegnung denken wir noch gern zurück, über manches Fremdwerden kommen wir nicht hinweg. Da war bei manchem die Einsamkeit zu Gast, und andere freuten sich an der Gemeinschaft, die ihnen Halt und Wärme gibt.

Alles in allem: Ein Tag mit Suchen, manchmal Verfehlen und manchmal Finden. Denn es ist ja wahr: Vieles sendet uns Botschaften zu, Menschen und Dinge, Bilder, die in unsere Seele hineinfallen, und Zusammenhänge, gegen die wir uns wehren. Manches bestätigt uns, stärkt uns – aber wie oft sind wir auch irritiert über das, was wir lesen und hören, das in uns hineinsinkt.

Auch wir selbst sandten Botschaften aus. Was waren das für welche? Und was hatten sie für Wirkungen? Werden jetzt anderswo Leute dasein, die unruhig sind über das, was wir ihnen zugespielt haben? Oder die sich jetzt noch dankbar und mit Freude erinnern, daß sie uns begegnet sind?

Es gibt viel Traurigkeit in der Welt
und viele Menschen, die weinen.
Wir bitten Dich um den Geist der Freude.
Herr, erbarme Dich.

Es gibt viel Selbstsucht in der Welt
und viele Menschen, die nur an sich denken.
Wir bitten Dich um den Geist der Brüderlichkeit.
Herr, erbarme Dich.

Es gibt viel Lüge in der Welt und viele Menschen,
die sich verstellen, andere verdächtigen
und verleumden.
Wir bitten Dich um den Geist der Wahrheit.
Herr, erbarme Dich.

Es gibt viel Haß auf der Welt
und viele Menschen, die miteinander streiten.
Wir bitten Dich um den Geist des Friedens.
Herr, erbarme Dich.

Es gibt viel Angst in der Welt
und viele Menschen, die keinen Mut mehr haben.

Wir bitten Dich um den Geist der Tapferkeit.
Herr, erbarme Dich.

Es gibt viel Verwirrung in der Welt
und Menschen, die sich nicht mehr zurechtfinden.
Wir bitten Dich um den Geist des Vertrauens.
Herr, erbarme Dich.

Wichtig sind auch die Stunden, da wir uns zurückziehen. Dauernd in Anspruch genommen, suchen wir nach Ruhe und retten uns in die guten Stunden eines Abends. Vielleicht kommen wir zur Ruhe und vielleicht zur Stille.

Mancher mag sich eine Schallplatte auflegen, Töne können wie Aufstiege sein, die uns ganz woandershin bringen, Melodienzusammenhänge wie Zweige, auf denen wir unseren Erinnerungen nachhängen. Eine Flöte mit dem strahlenden Glanz ihrer Töne kann funkelnden Sternen gleichen. Aber immer, wenn ihr Ton abbricht, werden wir auch gemahnt: Mag unser Leben auch noch so sehr einer großen und schönen, mitreißenden oder auch getragenen Melodie gleichen – wir werden nicht bleiben.

Darum und aus dieser Einsicht heraus haben Menschen gebetet: »Bleibe bei uns, Herr, denn es will Abend werden, und der Tag hat sich geneiget« (Lukas 24,29).

Du Licht in unseren Dunkelheiten –
bleibe bei uns.
Du Freund unseres Alleinseins –
bleibe bei uns.
Du Friede in unseren Ängsten –
bleibe bei uns.
Du, der du weißt,
warum wir nicht schlafen können –
bleibe bei uns.

Bleibe bei uns, Herr, mit dem, was du hast,
was du kannst, was du bist, was du gibst,
was du änderst an uns.

Ja, der Tag hat sich geneiget. Dieser Tag. Unser Tag. Irgendwann einmal auch der, der unseres Lebens letzte Neige bedeutet. Aber bleibe bei uns und laß uns daraus die Zuversicht gewinnen: Um den Abend wird es licht sein!

Die Nacht kommt. Du hast sie uns, Vater, freundlich gegeben als die Zeit der Stille, die Zeit der Sammlung, die Zeit des Schlafens. Laß mich, wenn ich mich ihr entgegenfreue, nicht aus den Augen verlieren die Erschrockenen und die Geängstigten in meinem Lebenskreis, die Gequälten alle in der Welt.

Laß mich dich, der du Bitten erhörst, um eines bitten: um das Gedächtnis für das Gute!

Ich weiß nicht, ob ich aus mir selbst die Kraft habe, das Widrige, Feindselige und Bittere, das mir widerfahren ist, so gründlich zu vergessen, wie es heilsam wäre. So bitte ich dich: Laß mich recht bewahren, wieviel Gutes mir heute begegnet ist.

Laß mich dessen gewiß sein: Du, Herr, bist es, der die Gedanken der Menschen lenkt. Erlaube mir nicht, den Gedanken nachzuhängen, die deine Welt schelten und geringachten.

Ich werde, wenn ich einzuschlafen versuche, das Bündel meiner Gedanken nicht ablegen können, wie ich meine Kleider ablege. So nähre du mich kräftig mit dem Gedächtnis an deine Guttaten. Unruhig gedenke ich deiner; laß mich glauben, daß du, Vater, anders meiner gedenkst, daß das Bruchstück meines ganzen Lebens trotz allem, was wider mich spricht, in dir geborgen ist. Amen.

Ein weises Herz

Du zählst, wie oft ein Christe wein
und was sein Kummer sei;
kein Zähr- und Tränlein ist so klein,
du hebst und legst es bei.

Du füllst des Lebens Mangel aus
mit dem, was ewig steht,
und führst uns in des Himmels Haus,
wenn uns die Erd entgeht.

Paul Gerhardt

Gewisse Tore

Es gibt Sätze, denen begegnet man immer wieder einmal. Manchmal gedankenlos hingesagt, manchmal sehr bewußt gesprochen. Dazu gehört auch der Satz: Gesundheit ist doch das Wichtigste!

Es ist ja wahr: Gesundheit ist nicht hoch genug einzuschätzen. Und doch: Wenn man alles, was wir einander wünschen, zusammenfaßt in diesem Satz: Gesundheit ist das Wichtigste – da fehlt mir irgendwo etwas.

Warum wünschen wir uns das so ausschließlich? Etwa weil einem heute wirklich nichts Schlimmeres passieren kann, als krank und unbrauchbar zu werden? Heute, wo alles darauf ankommt, fit zu sein, mithalten zu können? Oder sagen wir darum »Gesundheit ist das Wichtigste«, weil die Norm heute ist, daß man so aussieht: strahlendes Lächeln, jung, voller Schwung und erfolgreich? Und das geht ja nur, wenn einer gesund ist.

Aber was ist dann mit denen, die solch einen Wunsch »Gesundheit ist das Wichtigste!« nur wie einen Schlag ins Gesicht verspüren können: die Kranken? Und was ist mit uns selbst? Wir wissen ja nicht, was alles auf uns wartet und was den einen oder anderen vielleicht schon in diesen Tagen erreicht. Ist dann das Wichtigste damit aus dem Leben verschwunden?

Was macht einer, wenn ihm dieses Wichtigste fehlt? Sich aufgeben? Vielleicht gibt es doch manchmal etwas Schlimmeres als Kranksein. Oder etwas Wichtigeres als körperliche Gesundheit. Etwa, wenn ein Mensch nicht mehr weiß, wohin er gehört. Wenn der Horizont vor ihm und der Himmel über ihm wie leergefegt sind.

Umgekehrt kenne ich Menschen – da ist dieses

Wichtigste aus dem Leben weggestrichen. Aber sie hadern nicht mit ihrem Schicksal. Irgendwie haben sie daraus gelernt. Und was werden wir zu lernen haben, wenn wir soweit sind, daß das, was wir uns als Wichtigstes wünschen, plötzlich fehlt?

Bei André Gide kann man lesen: »Ich glaube, daß die Krankheiten Schlüssel sind, die uns gewisse Tore öffnen können. Ich glaube, es gibt gewisse Tore, die einzig die Krankheit öffnen kann. Es gibt jedenfalls einen Gesundheitszustand, der es uns nicht erlaubt, alles zu verstehen.

Vielleicht verschließt uns die Krankheit einige Wahrheiten. Ebenso aber verschließt uns die Gesundheit andere oder führt uns davon weg, so daß wir uns nicht mehr darum kümmern. Ich habe unter denen, die sich einer unerschütterlichen Gesundheit erfreuen, noch keinen getroffen, der nicht nach irgendeiner Seite hin ein bißchen beschränkt gewesen wäre, wie solche, die nie gereist sind.«

Krankheiten wie Schlüssel, die uns gewisse Tore öffnen können. Ja, zum Beispiel, daß einem hier das Leben ungeschminkt vor Augen kommt, ausgesetzt, gefährdet, verwundbar, getäuscht und enttäuscht. Und daß wir das Kräftespiel, das wir Leben nennen, entdecken mit seinen Verschiebungen im Lebensrhythmus. Aber es bleibt doch trotzdem unser Leben. Krankheit als eine Reise nach innen könnte zu einer Hilfe werden, sich selber zu erkennen und zu entdecken, wozu wir bestimmt sind. Es ist schon so: Man bekommt sich neu und richtig zu Gesicht. Man weiß mehr über sich und lernt über den Menschen dazu. Vielleicht auch über Gott.

Daß Sie, die Kranken unter Ihnen, diese Erfahrung machen, wünsche ich Ihnen herzlich.

Stufen

Wir können im Leben vielen Wahrheiten ausweichen. Wir tun das ja auch, fast jeden Tag, oder bestreiten, daß es in einer Sache so oder so um uns steht. Aber die Wahrheit, die der Tod uns bringt, der können wir nicht ausweichen, und wir sollen das auch nicht.

Das ist kein Thema für Sie heute? Vielleicht doch. Freilich, mancher redet nicht gern vom Tod, um ihn nicht auf sich aufmerksam zu machen. Als ob man so ausweichen könnte. Aber wer sich dem Tod versagt, versagt sich dem Leben. Und das wollen wir doch alle gern: leben.

Im Grunde wissen wir doch, daß wir in einem ständigen Prozeß der Verwandlung stehen. Das ganze Leben ist Abschiednehmen. Morgens, wenn einer aus dem Haus geht. Diese kleinen Abschiede bis zu den großen, wenn die Kinder uns mit achtzehn, neunzehn verlassen, bis hin zu jenem letzten Abschied. Das sind alles Stufen. Hermann Hesse schreibt davon:

»Es muß das Herz bei jedem Lebensrufe
Bereit zum Abschied sein und Neubeginne,
Um sich in Tapferkeit und ohne Trauern
In andre, neue Bindungen zu geben.

Und jedem Anfang wohnt ein Zauber inne,
Der uns beschützt und der uns hilft, zu leben.
Wir sollen heiter Raum um Raum durchschreiten,
An keinem wie an einer Heimat hängen,
Der Weltgeist will nicht fesseln uns und engen,
Er will uns Stuf' um Stufe heben, weiten.

Kaum sind wir heimisch einem Lebenskreise
Und traulich eingewohnt, so droht Erschlaffen.

Nur wer bereit zu Aufbruch ist und Reise,
Mag lähmender Gewöhnung sich entraffen.

Es wird vielleicht auch noch die Todesstunde
Uns neuen Räumen jung entgegensenden,
Des Lebens Ruf an uns wird niemals enden …
Wohlan denn, Herz, nimm Abschied
und gesunde.«

So ist es doch. Auch wenn wir meinen, daß der Tod das Blau des Himmels verdecke. Es kann auch anders sein. Die Bitte eines Menschen aus früherer Zeit macht das deutlich: »Lehre uns bedenken, Gott, daß wir sterben müssen, damit wir ein weises Herz gewinnen« (Psalm 90,12).

Das also kann dabei aus uns werden: Menschen, bei denen der Gedanke an den Tod das Leben stärkt. Am liebsten würde ich das in eine Frage kleiden, die Sie für sich beantworten müssen: Hat der Gedanke an den Tod schon einmal Ihr Leben verändert und wie? Vielleicht zum Beispiel so, daß wir den Augenblick wieder für wertvoll halten. Der Tod mahnt uns, über den Tag hinauszusehen. Er stellt uns die Frage: Lohnt das eigentlich, wie du deine Ziele angehst, und lohnen die Ziele deines Lebens überhaupt?

Man kann zu vielem eine ganz neue Einstellung finden, wenn man mit so einer Bitte auch heute beginnt: »Lehre mich bedenken, daß ich sterben muß, damit ich ein weises Herz gewinne.« Dieses weise Herz, was kann das nicht alles heißen: Einen Blick zu bekommen für das Wichtige und Unwichtige, daß man wieder unterscheiden kann, worum es wirklich geht. Das weise Herz: Es macht uns aufmerksam auf einen anderen, neuen Umgang mit unseren Nächsten. Es macht die Menschen wertvoll, die wir lieben und denen wir das oft viel zuwenig zeigen.

Und wenn Sie gerade Krach zu Hause hatten und gehen auseinander in den Tag hinaus: Eheleute, Eltern und Kinder, und Sie sagen sich: Angenommen, einer kommt nicht wieder. Er fällt einem Unfall zum Opfer. Das ist das Letzte jetzt gewesen, diese Auseinandersetzung. Muß man sich da nicht fragen: Ist das nötig, so ohne Gruß, ohne freundliches Wort, ohne ermunternden Blick, ohne vergebenden Handschlag auseinanderzugehen? Ja, versöhnt leben, das gehört auch dazu. Jedenfalls kann man lebend gegen den Tod nicht genug tun, weil man sterbend gegen den Tod nichts machen kann.

Aber das weise Herz, das es zu gewinnen gilt, sagt uns noch mehr: Entscheidend ist überhaupt nicht das Verhältnis zu unserem Tod, sondern entscheidend ist unsere Beziehung zu Gott. Da ist nicht mehr der Tod oder das Nichts unsere Grenze, sondern Gott.

»Tod soll sein und muß werden, was Jesus Christus aus ihm gemacht hat: Die Begrenzung des Menschen allein durch Gott, der da, wo wir ohnmächtig sind, seine Macht nicht mißbraucht ... wo wir nichts machen können, ist er für uns da« (Eberhard Jüngel). Das ist die entscheidende Wahrheit, auf die hin wir unterwegs sind. Sie mag manchen bis zu jener Höhe führen: Die das Sterben nicht fürchten, sind schwer zu erschrecken.

Denn: »Das Leben borgt seinen höchsten Reiz vom Tode. Es ist nur schön, weil es vergänglich ist« (Friedrich Hebbel).

Getroffen in der Mitte meines Lebens

So mag mancher seine eigene Situation in aller Kürze beschreiben. Und das betrifft ja wahrhaftig nicht nur jene, die krank sind. Da haben auch junge Menschen schon manches Mal ihre Erfahrungen, aus denen sie über ihr Leben sagen – wie der Einundzwanzigjährige: »Mein Leben ist wie eine Schlinge, in die ein Knoten gemacht ist, und die Schlinge wird von Tag zu Tag mehr zugezogen.«

Ich weiß nicht, in welch ein Bild Sie Ihr eigenes Leben einkleiden würden. Aber wahrscheinlich käme dann auch manches heraus, was Ihre Angst, Ihre Ungeduld, vielleicht auch manche Verzweiflung beschreibt. Lebenskrisen pflegen eben nicht nur an besondere Türen zu klopfen, sondern sie sind uns benachbart und melden sich manchmal zu einer Zeit, da wir's am wenigsten dachten.

Für einige unter Ihnen mag diese lebenskritische Situation gerade auch in der Beziehung zum Partner sehr deutlich Gegenwart sein, und bei anderen in der Beziehung zu den Kindern. Und dann die große Zahl derer, die, was man so nennt, in die »mittleren Jahre« gekommen sind. Da entdeckt man eines Tages: In deinem Beruf hast du deine Endstation erreicht. Mehr und Größeres kommt nicht nach. Du mußt dich daran gewöhnen, daß die nächsten 20 oder 25 Jahre so weitergehen. Und wie sollst du das überstehen, jetzt allezeit auf derselben Ebene unterwegs zu sein, nicht sehr viel Neues, sondern es mit dem Alten und Gewohnten als ständigem Gast auszuhalten?

Aber Lebenskrisen können auch noch eine andere Spitze haben. Da ist eine Frau, Mutter von ein paar Kindern, die Kinder sind groß, sind aus dem Haus, sie hat eigentlich alles getan für diese Kinder, und die wissen das auch. Die werden das auch nicht vergessen. Aber nun lösen sie sich ab – das müssen sie ja –, gehen auf ihre eigene Zukunft zu, sie zu gestalten: Berufsfindung, Partnerfindung. Und eines Tages sagt sich so eine Frau und Mutter: Was jetzt? Und sie hat das Gefühl, dort, wohin sie jetzt noch ihre eingeübten Aktivitäten richtet, ist bald niemand mehr da. Und das ist auch Lebenskrise, das Gefühl zu haben: Da ist niemand mehr da, für den du da warst.

Ein anderer kann nicht damit fertig werden, daß er älter wird. Er tut alles, um das zu überspielen. Aber eines Tages holt ihn diese Wahrheit ein. Und sie trifft ihn, vielleicht unvermutet durch einen Satz, der im Zusammenhang fällt, durch irgendeinen vergleichenden Blick, durch irgendeine Atemlosigkeit, die ihn zurückfallen läßt gegenüber den anderen. Und er weiß: Jetzt ist es soweit.

Aber ich denke auch an jene Leute mit allerlei Erfolg und mit großartigen Lebensperspektiven, die plötzlich spüren: Es läuft nichts mehr. Kein Spaß an der Arbeit, kein Schwung mehr. Die Familie? Da ist es, als wäre eine Glasscheibe dazwischen: kein Echo mehr. Und dann fängt man an zu grübeln: Was ist los mit dir? Reiß dich zusammen! Manchmal gestehen solch gestandene Frauen oder Männer sich gegenseitig ein – irgendwo hinter verschlossenen Türen, irgendwo im Freundeskreis: Geht's dir auch so? Hast du plötzlich auch so das Gefühl, als wäre da kein Sinn mehr drin? Als wäre auseinandergefallen, was einen bis dahin zusammengehalten hat? Und nun?

Ich bin auf folgenden Text gestoßen: »Hiskia sprach (der König Hiskia): Nun muß ich zu des Totenreiches Pforten fahren in der Mitte meines Lebens, da ich doch gedachte, noch länger zu leben. Ich sprach: Nun werde ich den Herrn nicht mehr sehen mit denen, die auf der Welt sind. Meine Hütte ist abgebrochen und über mir weggenommen wie eines

Hirten Zelt. Zu Ende gewebt habe ich mein Leben wie ein Weber; er schneidet mich ab vom Faden. Tag und Nacht gibst du mich preis; bis zum Morgen schreie ich um Hilfe; aber er zerbricht mir all meine Knochen wie ein Löwe; Tag und Nacht gibst du mich preis. Ich zwitschere wie eine Schwalbe und gurre wie eine Taube. Meine Augen sehen verlangend nach oben: Herr, ich leide Not! Tritt für mich ein! Was soll ich reden, und was ihm sagen? Er hat's getan. Entflohen ist all mein Schlaf bei solcher Betrübnis meiner Seele. Herr, laß mich wieder genesen und leben! Siehe, um Trost war mir sehr bange. Du aber hast dich meiner Seele herzlich angenommen, daß sie nicht verdürbe; denn du wirfst alle meine Sünden hinter dich zurück« (Jesaja 38,10–17).

Das Wort: »Nun muß ich zu des Totenreiches Pforten fahren in der Mitte meines Lebens« beschreibt, was die Lebenskrise aus uns macht: Leute, die aus dem Absoluten, dem Allerletzten getroffen werden, so wie es einmal jemand gesagt hat: »Auf jeden Menschen wird am Tag der Geburt ein Pfeil abgeschossen. Und dieser Pfeil trifft ihn in der Stunde seines Todes. Aber mitten drin, da hört man öfters einmal das Schwirren dieses Pfeiles.« Und was sind Lebenskrisen anderes als das Hören auf das Schwirren dieses Pfeiles?

Der König Hiskia sagt das auf seine Weise: »Mitten im Leben.« Und er sagt das in ganz großartigen Bildern, die wir gut verstehen. Er sagt etwas davon, daß seine Zeit, das Haus seines Lebens, abgebrochen wird wie die Hütte eines Hirten. Und da muß man sich vorstellen, wie das geht. Da ist ein Hirte, der hat noch viel Weideland um sich herum, da ist noch Platz, da könnte man noch bleiben, lange bleiben. Da wäre noch Spielraum auf Jahre, so wie das Leben uns oft vorkommt als eine Weide, auf der viel Spielraum für uns ist – hoffentlich noch lange Zeit. Und dann: Mein Leben ist abgebrochen wie das Zelt eines Hirten. Über mir weggenommen.

Das ist, als würden wir in der Krise unseres Lebens erfahren, daß dieses feste Haus, das wir uns aufgebaut haben, zusammengebastelt aus Überzeugungen, aus Taten, aus viel Arbeit, aus dem, was wir mit unserer Kraft eingesetzt haben, daß dieses Haus Risse bekommt, daß es plötzlich so aussieht, als fehle da ein Teil des Daches. Da zieht es kalt durch uns hindurch. Da friert es uns, weil uns etwas anspricht, etwas anrührt, was wir kaum beschreiben können. Da laufen Risse und Sprünge durch die festen Mauern, hinter denen wir uns für ein Leben lang zu bergen hofften. Risse, die viele Namen tragen. Und es ist wie mit Belsazers Schrift: »Mene, mene, tekel, uparsin« (Daniel 5,25). Aber wir können sie nicht entziffern, bis uns einer sagt: »Du bist gemeint.« Dich hat es getroffen. Wir lesen: Verunsicherung. Wir lesen: ein ungewisses Morgen, ein nicht mehr überzeugendes Heute. Und wer so getroffen ist und sich dann umsieht in seinem Haus, sich den verschiedenen Gegenständen mit ihren Erinnerungen zuwendet, für den ist es, als wäre deren Sprache verstummt. Da kann allerlei zu Hause von viel Schönem reden. Aber wer in die Krise geraten ist, der kennt nur noch dies: den Sog und die Frage: Wie weiter? Der weiß nur noch dies, daß er seine kleine Dosis Tod empfangen hat, er, der gemeint hatte: Mir gehört das Leben. Ich habe alles getan, alle Sicherungen eingebaut, alle Abwehrmechanismen mitbenutzt, damit mir niemand kommt, um das zu zerstören. Doch mitten im Leben, mitten dort, wo man sagte: Ich spiel noch mit! Mitten dort, wo man aufgebaut hatte, da trifft es einen.

»Der Tod ist groß. Wir sind die Seinen

lachenden Mund's;
wenn wir uns mitten im Leben meinen,
wagt er zu weinen
mitten in uns«, sagt Rainer Maria Rilke.

Der Treffer aus dem Absoluten trifft einen so, daß man sich sagen muß: Du bist hier nicht mehr zu Hause. Hiskia spricht davon: Wie der Weber den Webfaden abschneidet, so werde der Lebensfaden hier abgeschnitten. Ein treffendes, starkes Bild, das einem durch und durch gehen kann. Aber er sagt ja nicht nur dies, er sagt auch etwas anderes. Er sagt nämlich: »Du, Gott!« Es kommt etwas ins Spiel, das wir lange vergessen haben. Hiskia sagt das nicht auf eine unterwürfige Weise und nicht in einer Art Ergebung, sondern wie jemand, der damit nicht fertig wird: »Du kannst mich doch nicht einfach fallen lassen! Du kannst mich doch jetzt nicht so mitten in der Zeit, mit den vielen Möglichkeiten des Lebens, einfach kaputtmachen!«

Er sagt das in einer so offenen Sprache, daß man daran nur lernen kann. Im Grunde ist die angemessene Haltung für Betroffene die, daß wir auch so reagieren: Voll Widerstand und voll Ergebung. Hiskia redet mit Gott. Er sagt ihm, was ihm nicht gefällt. Er sagt das auf eine Weise, daß man das nur nachvollziehen kann. »Ich gurre und fürchte mich und stoße ängstliche Schreie aus wie eine Taube. Ich komme mir vor, als wäre ich zwischen Mahlsteine geraten. Was ist mit mir los?« Aber er sagt auch: »Du, Gott!« Und er fragt so, als ob er wissen möchte: Wie ist das eigentlich? Ist es die Zange, die mich zwackt? Oder ist da jemand, der an der Zange steht? Kann ich durch den Augenschein, durch den Vordergrund hindurch dich erreichen, dich, den Gott, ohne den ich keine Situation, auch nicht die meiner Lebenskrise, bestehen will und kann? Ich hoffe, daß du mir deutlich machst, daß du es bist. Und selbst wenn ich der Gezwackte, der in die Enge Getriebene, der von allen Seiten Gepreßte bleibe – ich möchte wissen, wie ich mit dir dran bin, Gott.

Beziehen wir so unsere Lebenskrisen auf Gott? Ist nicht das das Problem unserer modernen Zeit, daß man behauptet: Ja, früher! Die konnten das noch. Aber wir müssen alles gleichsam für sich nehmen. Die Leute früher haben doch auch Lebenskrisen gehabt. Haben die das früher leichter bestanden, weil sie an Gott geglaubt haben? Warum bringen wir es nicht fertig zu sagen: Dies genau fehlt uns. Diese Einordnung unserer Lebenskrisen in eine Beziehung, wie sie Hiskia ganz selbstverständlich aufnimmt, beschreibt und angeht. Die vor uns, die wußten: Das, was mich betrifft, kommt nicht von irgendwoher, ist nicht blinder Schlag aus irgendeiner Schicksalsecke. Das, was mich trifft, hat immer zu tun mit dem Leben, das ich führe und das jetzt in Frage gestellt ist. Aber auch mit dem Gott, an den ich glaube. Die vor uns haben gewußt, wie diese Einsicht, dieses Vertrauen den Alltag in jeder Lebenskrise stabilisieren kann. Die haben gewußt, wo man dann, wenn's über einem zusammenschlägt, noch einen Boden unter den Füßen hat. Und wir? Ist das so, daß unsere Überzeugungen eben anderswo verankert sind, so, daß wir sagen: Das muß mit diesem Medikament oder mit jener Analyse behoben werden? Gibt es nicht irgendwo eine Art Nachbarschaft zwischen uns und dem Hiskia, der aus seiner lebenskritischen Erfahrung heraus danach fragt: Wo bist du für mich Gott? Bist du mein Freund, oder bist du mein Feind? Der fragt: Ich möchte dich siegen sehen, was hast du von mir, wenn ich jetzt davon muß aus dem Land der Lebendigen? Der ganz kühn fragt, alle Gedanken mit einbringt, nicht aufgibt, weil er Vertrauen hat. Und weil er weiß, er hat ja mit einem Gott zu tun, der dort, wo die Situation hoffnungslos ist, anfangen will, eine Hoffnung einzupflanzen, die man nicht mehr zerstören kann, weil sie anderswo verankert ist als in unseren Tagesgeschäften und in unserem täglichen Optimismus.

Hiskia ist wie jemand, der einlädt, uns zu öffnen mit unseren Worten, mit unseren Empfindungen, mit jener Aufrichtigkeit, von der man in der Bibel lesen kann, daß Gott es den Aufrichtigen gelingen läßt. Hiskia wendet sich an das Du Gottes, von dem es im Text heißt, daß alle Sünden hinter dieses Du zurückgeworfen werden, eben damit wieder ein Anfang gemacht werden kann. Da muß einer nicht ständig mehr fragen: Wer war schuld? Bin ich schuld gewesen? Wie bin ich da hineingeraten? Warum ist es so? Da schlägt man nicht um sich, sondern geht in sich wie einer, der gehört hat: Wirf ab! Gib her! Dies nehme ich dir ab! Manche sind in ihren Lebenskrisen so tief drin, daß sie das gesagt bekommen müssen: Die Eindeutigkeit Gottes als Freund kommt dort heraus, wo Jesus Christus sich in unseren Lebenskrisen meldet mit dem Satz, der uns alle unterbietet: »Mein Gott, warum hast du mich verlassen?« (Matthäus 27,46). Mit jenem Satz, der uns auffängt und der wie ein Netz ist unter einem Leben, von dem wir meinen, es muß ohne dieses Netz gelebt werden. Und der wie eine Nähe ist, eine vertrauensvolle Nähe, in der man Gott erfährt, ganz dicht bei uns, daß wir sagen können: »He du, hilf doch! Laß mich nicht allein! Du bist es doch!« Verlassen und doch nicht verlassen.

Es kommt darauf an, wonach wir unsere Hände ausstrecken, dann, wenn es soweit ist. Es kommt darauf an, ob wir in irgendwelchen Nachtschränkchen herumwühlen und nach all dem greifen, was man manchmal auch braucht – ich weiß das schon –, aber was bisher noch niemandem geholfen hat. Es sei denn, es hat ihn ein bißchen betäubt.

Aber um dies geht es: Hinauszugreifen aus der Verzweiflung, nach seiner Hand zu fassen und dann zu erfahren: »Um Trost war mir sehr bange. Aber du hast dich meiner Seele, meines Lebens herzlich angenommen, daß es nicht umkommt« (Jesaja 38,17).

Nicht umkommen – das ist das Ziel Gottes für die Jungen und die in den mittleren Jahren und für die Älteren unter uns, für alle in den Lebenskrisen. Nicht umkommen, sondern leben!

Ich denke jetzt besonders an die, die krank sind und die von daher sehr viel Kummer haben. Ich denke an Sie in den Krankenhäusern. Jemand hat zu einem Gebet eingeladen:

Nach langer Zeit begegne ich dir, Jesus, wieder. Noch bin ich scheu, weil ich mich schäme, daß ich dich vergaß im Neonlicht der Straßen, am Lenkrad, in Beton und Glas. Nun lieg ich hier auf Zimmer acht. Das Laute, Lockende hat mich verlassen. Es blieben mir die Schmerzen, die Angst, alles das, was in mir umhertreibt. Und die Werbesprüche der Welt draußen verblassen. Nach langer Zeit begegne ich dir wieder. Du strahlst aus Worten, Augen, Händen derer, die mich pflegen. Ich werde ruhig. Ich sinke vor dir nieder. Ich nehme die Krankheit an. Gib du mir deinen Segen. Laß mich die Erfahrung machen: Um Trost war mir sehr bange. Aber du hast dich meiner Seele angenommen, daß sie nicht umkomme.

Es gibt einen Rhythmus

Nach einem Vortrag kam einmal ein älterer Herr zu mir und sagte: »Wissen Sie, was das Schlimmste ist? Wenn man umsteigt aus dem Berufsleben in den Ruhestand. Da war man jemand vorher, im Beruf, hatte seine Position, hatte irgendwo auch, was man so ›Image‹ nennt, und dann plötzlich ist man ein Niemand. Und das tut weh. Ich habe lange gebraucht, ehe ich das geschafft habe.«

Manch einer unter Ihnen wird das nachempfinden können, und mancher, der davor steht, hat vielleicht Angst vor genau dieser Zukunft. Was ist nun zu tun? Man könnte sich damit helfen, daß man überlegt: Was ist das Alter denn eigentlich? Und jemand, der davon viel versteht, weil er selbst hoch in den Jahren ist, hat gesagt: »Das Alter ist nicht der fünfte Akt einer Tragödie, danach fällt dann der Vorhang und die Lichter löschen aus, sondern das Alter ist fast so etwas wie die letzten Takte einer Ouvertüre. Der Vorhang öffnet sich, die Lichter gehen an, und das Entscheidende beginnt.«

Wenn man das so sehen könnte, immer. Aber ich weiß schon, vielen fällt gerade das schwer, und ich weiß auch nicht, wie es mir einmal geht, wenn es dann soweit ist. Man muß sich da früh einüben. Und ich denke, daß man das in einem Satz zusammenfassen könnte: Man steht vor der Alternative, sich aufzugeben oder sich Aufgaben zu stellen. Es wird ja heute darüber viel geredet und es werden auch viele Hinweise gebracht. Ich möchte das jetzt nicht aufzählen, aber ich möchte gerne fragen: Wird es uns beim Älterwerden nicht auch darum gehen müssen: Was bringt der Glaube hervor in deinem alltäglichen Leben, in diesem alltäglichen Leben der Altersphase? Was macht er aus dir? Jetzt – heute, in diesem

Übergang? Und dann kann man eine Antwort geben, den Ansatz einer Antwort: Er macht aus mir hoffentlich einen geduldigen Menschen.

Ein Augenblick der Geduld kann vor großem Unheil bewahren; ein Augenblick der Ungeduld aber kann ein ganzes Leben zerstören. Geduld haben heißt, nicht nach dem Uhrzeiger messen, sondern mit der Wärme des Herzens. Dann sieht vieles anders aus beim Umgang mit sich selbst – und erst recht mit anderen.

Natürlich, Geduld fällt einem nicht in den Schoß. Man muß sie geradezu verteidigen. Sie hat große Widersacher. Oft ist es die Angst, daß man irgendwo den Anschluß verliert. Dann fängt man an, hektisch zu werden. Geduld aber braucht einen langen Atem und die Gewißheit: Gerade die geduldige Beharrlichkeit bringt mich ans Ziel.

Wir können das von der Natur lernen. Wachstum, ob bei Pflanzen, Tieren oder Kindern, ist ohne Geduld undenkbar. Wir stehen auch dann in einem Wachstumsprozeß, wenn wir alt werden, und sollten nicht meinen, dieser Zusammenhang gelte für uns nicht. Zu unserem eigenen Besten können wir uns da einfügen, uns einordnen in den Rhythmus, den Gott der Welt eingegeben hat.

Wenn Sie jetzt in solch einer Phase sind, dann wünsche ich Ihnen Geduld bei diesem Übergang. Ich wünsche Ihnen aber auch den Mut, einzuwandern in jenes fremde Land, und die Gewißheit, daß Sie ein geführter und bewahrter Mensch bleiben.

Der Tod hält Ernte

Seit Jahren fällt es einem mehr und mehr auf beim Gang über den Friedhof: Es gibt erstaunlich viele Grabsteine, die von einem frühen Tod erzählen. »Als hätten wir Krieg«, so sagte mir kürzlich jemand und verwies auf die Jahreszahlen: 21 Jahre alt geworden, 23 oder 18.

Als die Eltern den Sohn bekamen, gaben sie ihm alle Hoffnungen mit und setzten in sein Leben alle jene Erwartungen, die auf eine lange Lebenszeit gestimmt sind. Und dann wurde er ihnen genommen.

Nüchterne Zahlen auf dem Stein, aber sie erzählen eine Geschichte des Leids, der Schmerzen, der Ängste, des Vermissens und der Trauer.

Dabei kann die Hilflosigkeit der Eltern so groß werden, daß sie neben diese Nüchternheit etwas setzen müssen, was für sie irgendwo zum Wesen ihres Sohnes gehört hat. »Elektroniker aus Leidenschaft«, haben sie eingravieren lassen in den Stein. Eine merkwürdige Inschrift. So, als wollten sie zum Ausdruck bringen: Trotz seiner jungen Jahre war er schon erfüllt mit einer ganz bestimmten Begabung und fasziniert von seinem Beruf. Sein Leben war nicht nichts, es war etwas! Und doch – welch ein Zeichen der Hilflosigkeit! Ebenso die eingemeißelte Sonne. So als wollten sie damit sagen: Er war ein so heller Mensch, etwas Strahlendes ging von ihm aus. Und nun ist dieses Licht gefangen in schwarzem Stein und in dunklem Tod.

Tatsächlich, der Tod hält reiche Ernte unter jungen Menschen. Manchmal reißt er einen mitten heraus aus dem Fest des Lebens durch einen Unfall, und manchen zwingt er zu Boden mit heimtückischer Krankheit.

Wenn man vor so einem Grabstein steht, wird man

doch seltsam angerührt. Viele Fragen überkommen einen: Nach der unterschiedlichen Zeit, die einem Menschen zugemessen wird – und warum so unterschiedlich? Nach den Wirkungen, die von einem so kurzen Leben ausgegangen sind.

Und dann jene ganz behutsam zu stellende Frage: Wird er in seinem Leben mit dem vertraut geworden sein, der auch seinen Tod umfängt? Wird ihm irgend jemand von Christus erzählt haben, so, daß er zuletzt gewußt hat, in wessen Hände er fällt? Denn zuletzt wird es darauf ankommen, nicht wie lange wir gelebt haben, sondern wie tief unser Leben gelebt worden ist.

Ob die Freundinnen und Freunde eines solchen Frühverstorbenen sich so eine Botschaft haben mitgeben lassen? Ich weiß von manchem jungen Menschen, dem der Tod eines Freundes ein neues Augenmaß für das eigene Leben gegeben hat. Als wäre den Dingen jene schillernde Regenbogenhaut abgezogen worden, die sie oft so verführerisch macht und durch die schon mancher um das Wesentliche in seinem Leben betrogen worden ist.

Trotzdem – was immer man auch für Gedanken haben mag vor den Gräbern und Steinen der jung verstorbenen Menschen – das Zerbrechen eines jungen Lebens ist nicht aufzulösen durch harmonisierende Deutungen.

Ich möchte es darum lieber mit Dietrich Bonhoeffer halten, der einmal über solche abgebrochenen Leben geschrieben hat: »Es kommt wohl nur darauf an, ob man dem Fragment unseres Lebens noch ansieht, wie das Ganze eigentlich angelegt und gedacht war und aus welchem Material es besteht. Es gibt schließlich Fragmente, die nur noch auf den Kehrichthaufen gehören, und solche, die bedeutsam sind … Wenn unser Leben auch nur ein entferntester Abglanz eines solchen Fragmentes ist … so daß schließlich nach dem Abbruch höchstens noch der Choral ›Vor deinen Thron tret' ich hiermit‹ intoniert werden kann, dann wollen wir uns auch über unser fragmentarisches Leben nicht beklagen, sondern sogar daran froh werden.«

Der Traum vom Leben – eingefroren

Es wird ja sehr viel über die heutige Jugend geschrieben, es werden viele Urteile abgegeben, und manchmal denke ich: Wenn ich jetzt so ein 14-, 15-, 16jähriger wäre – ich könnte unter der Last dieser Urteile zusammenbrechen. Was da die Erwachsenen alles über einen sagen. So ist es kein Wunder, daß mancher unter diesen jungen Leuten ziemlich früh »aussteigt«, daß mancher drogen- und magersüchtig wird.

Ihre Tagebücher reden von ihren Verweigerungen, von mangelndem Selbstvertrauen, von fehlendem Selbstbewußtsein, von den geringen Lebens- und Berufsaussichten. Oft lassen sie ja diese Tagebücher offen liegen, so als wollten sie den Eltern signalisieren: Lest ruhig mal, lest! Lernt meine geheimsten Gedanken kennen – ich wage sie sonst nicht auszusprechen. Manchmal fehlt einem einfach die Sprache dafür. Aber in einer ruhigen Stunde, da schreibe ich's halt hin – von meinem mangelnden Mut und manchmal auch der Verzweiflung am Leben. Wir sollten sie lesen und verstehen, diese Signale, so wie diesen Brief:

»Ich bin 15, gehe noch zur Schule, bin schon so fertig, daß ich es nicht mehr lange aushalte. Häßlich und schüchtern bin ich, deshalb finde ich schlecht Kontakt. Bin immer allein, keine Geschwister, meine Eltern arbeiten den ganzen Tag. Vor einer Weile hatte ich einen Freund, den habe ich sehr geliebt, aber jetzt ..., jetzt ist alles aus. Denken Sie nicht, mein Problem wäre der Liebeskummer. Es ist mehr: Ich will nicht mehr leben! Wozu auch? Hat ja doch keinen Sinn. Jedenfalls nicht für mich.«

Ja, so schreiben manche. Wir sollten nicht vergessen, was im Innersten unserer jungen Leute so alles vorgeht. Und wie sie sich manchmal vorkommen. So etwa: Wie auf einer Rolltreppe, einer Rolltreppe, die verkehrt herum läuft. Was für ein Leben werden sie denn nun in Zukunft haben, und was werden wir ihnen für Möglichkeiten geben? Werden sie sich sagen müssen – so wie Christa Wolf es in einem Roman beschreibt: »Man überlegte nicht lange, fischte sich, fast so ohne hinzusehen, ein Leben heraus, fragte nicht viel, ob es paßte, lebte es eben, und dann wurde es passend – oder jedenfalls glaubte man das mit der Zeit.«

Und wo bleiben die Träume vom Leben? Jene Träume, die zu einem jungen Menschen gehören? Sind die Zwänge so, daß die Träume einfrieren darüber? Wenn man sie fragt: Wovon träumt ihr? Dann kann es passieren, daß einer sagt: »Ich mache mir nur noch über Dinge Gedanken, die umsetzbar sind in die Realität.« Aber was für eine Realität? Da muß man die Dinge nehmen, wie sie sind. Keine Hoffnung mehr, nichts darüber. Nichts, was hinausweist, nichts, wofür man sich engagiert und sagt: Da möchte ich verändern helfen, und dort werde ich sicher gebraucht. Nichts davon?

Vor ein paar Tagen habe ich mit jungen Menschen in einem Ausbildungskursus nachgedacht über das Leben heute und habe sie gebeten, einmal zu beschreiben: »Mein Leben ist wie ...« Als Antwort sollten sie irgendein Bild wählen, in dem sich das für sie am deutlichsten ausdrückt.

Es gab sehr unterschiedliche Antworten. Eine hieß: »Mein Leben ist wie ein Bild, das immer schöner wird.« Eine großartige Sache! Da sieht man einen jungen Menschen vor sich, der gespannt ist, wie sein Leben von Tag zu Tag neue Konturen gewinnt. Wie er sich aufschließt, wie er neugierig ist auf Begegnungen, erwartungsvoll beruflichen und anderen Entfaltungen gegenübersteht. Da werden jeden Tag neue Farben aufgetragen auf dieses Bild.

Aber was soll man zu diesem Bild sagen: »Mein Leben ist wie ein Bach in einem künstlichen Bachbett, dem es nicht erlaubt wird, über die Ufer zu treten.«? Hat hier jemand sein Leben zu früh kanalisieren lassen? Sieht er sich von allen Seiten eingeengt? Da darf nichts mehr brausen und gären, nichts mehr sich aufbäumen, nichts mehr überborden und überfließen, wie das Leben eines jungen Menschen eigentlich doch sein sollte. Welche Erfahrungen stekken dahinter, wenn einer so ein Bild wählt?

Und wie ist es mit dem, der schrieb: »Mein Leben ist wie ein Baum, der langsam austrocknet.«? Was für ein Bild! Da ist jemand gewachsen zu einem Leben, in dem es Blühen, Gedeihen, Fruchttragen und Erfolg geben soll – und dann plötzlich dieser Vergleich: Ein Baum, der langsam austrocknet. Wie viele unter Ihnen mögen sich darin wiedererkennen? Vielleicht auch die, die nicht gerade erst 18 sind, sondern die aus der Erfahrung der späteren Jahre sagen: »Ja, so ist es.« Aber wenn man jung ist?! Es steckt doch in diesem Bild die Einsicht: Ich kriege keinen Grund unter die Füße. Ich komme nicht dahin, von wo aus mein Leben neue Kraft erfährt. Die Wurzeln meines Daseins hängen im Trockenen. Was ist da alles abgeschnitten worden, und wer hat abgeschnitten? Der Zeitgeist, das viele, was versprochen worden ist? Und plötzlich entdeckt man: Das ist alles kein tragfähiger Boden. Da ist auch eine Erinnerung an alles das, was wir im Laufe der Geschichte verloren haben, auch der Geschichte unseres Lebens. Da war niemand, der uns angeschlossen hat, eingepflanzt, verwurzelt. So daß es dann so einen Satz gibt: »Mein Leben ist wie ein Baum, der langsam austrocknet.« Ein düsteres Bild.

Ich will Ihnen ein anderes Bild für diesen Tag geben. Im Psalm 1 steht der Satz: »Wohl dem Menschen, der Freude hat an der Weisung des Herrn und über seine Weisung nachdenkt, wie ein Baum ist er, an Wasserbächen gepflanzt, der seine Frucht bringt zur rechten Zeit, seine Blätter welken nicht, und alles, was er tut, gerät ihm wohl« (Psalm 1,2.3).

Das ist auch so ein Bild vom Leben. Und ich wünsche Ihnen, daß Sie da eingewurzelt werden, von wo aus Ihrem Leben immer neue Kräfte zuwachsen, nicht nur für Sie allein, sondern auch für diejenigen, die um Sie herum leben.

Weinen verboten

Das Äußere eines Menschen spielt keine geringe Rolle. Das wissen Sie so gut wie ich auch. Wenn man morgens so aus dem Bett steigt und sich mit wirrem Haar und mehr oder weniger zugekniffenen Augen im Spiegel anschaut, da ist man manchmal froh, daß man mit sich allein ist.

Dann macht man sich zurecht, und was dann eine Stunde später aus der Tür tritt, ist vielleicht ein ganz passabler Kerl und eine ganz ansehnliche Frau. Und was sagen dann die anderen, wenn sie uns so anschauen? »Der hält auf sein Äußeres!« – »Dem sieht man's aber an, daß er Sport treibt!« – So etwas hören wir gerne. Oder: »Der sieht man aber an, daß sie

Kummer hat.« – So etwas hört man nicht so gern. Ist es also doch nicht ganz gelungen, den äußeren Anschein zu wahren?

Dabei ist es uns wahrhaftig manchmal danach zumute, loszuheulen – Gründe genug gäbe es. Oder ist das kein Thema, weil wir uns längst darauf geeinigt haben: Weinen verboten!? »Das tut man nicht«, heißt es; oder: »Nun benimm dich doch!«, »Laß dich nicht so gehen!«

Als Junge hieß es, wenn man mal weinte: »Du bist doch kein Mädchen! Nun werd' ja nicht weich!« – Dann hat man uns das ausgetrieben und die Sachlichkeit gleichsam eingepflanzt. Und was ist oft daraus geworden? Jemand, der dieses Gefühl nicht zeigen darf, aber in anderen Gefühlen explodiert. Zum Beispiel bei Zorn und Wut.

Ich habe manchen zu Besuch bei mir, der mitten im Erzählen über den Kummer, der ihn bedrängt, zu weinen anfängt und sich dann entschuldigt und immer wieder entschuldigt. Die Tränen rollen, und man möchte sagen: Nun lassen Sie doch, weinen Sie sich aus! Wer traurig ist, soll sein Herz ausschütten.

Wenn wir doch immer jemanden hätten, vor dem wir das tun könnten! Ich denke an zwei Worte in der Bibel: Einmal heißt es:«Schüttet euer Herz vor Gott aus!« (Psalm 62,9). Das ist wie eine Aufforderung, den Krug zu leeren bis auf den Grund. Aber noch deutlicher: »Ich, Gott, habe dein Gebet erhört und deine Tränen gesehen« (Jesaja 38,5). Das wird zu jemandem gesagt, der sich keine Chance mehr gibt. Einem Menschen, dem die Angst das Herz abschnürt und der dann das tut, was er vielleicht lange nicht mehr getan hat, er ruft: »Lieber Gott, nun laß mich doch nicht so mir selbst und meinem Leid in die Hände fallen. Ich bin so traurig, weil alles über mir zusammenstürzt, ich sehe nicht mehr hinaus. Aber ich rufe zu dir und strecke meine Hand aus zu dir und hoffe auf dich« (nach 2. Könige 20). Das sagt nicht einer, der seiner sicher ist, sozusagen in ansehnlicher Position vor sich und anderen, sondern der ganz schön weit unten ist. Und ich denke jetzt an manchen, dem der neue Morgen nicht die neue Kraft und den neuen Mut gegeben hat, sondern der schon am frühen Morgen nahe am Wasser gebaut hat.

Aber nun: »Ich habe dein Gebet gehört und deine Tränen gesehen«, sagt Gott. Das ist wie eine Einladung, vor ihm Schluß zu machen mit allem, was wir an Image, Position und Selbstdarstellung voreinander brauchen, sich zu öffnen zu stammelnder Bitte und für jene Tränen, deren Verweigerung uns oft so hart und manchmal aggressiv macht.

Beten und weinen. Manche bestätigt das darin, daß das Christentum eine ganz schön labile und wehleidige Sache ist, wie sie sagen. Sollen sie. Bis sie es merken, wie sehr das ein Mensch braucht, daß er weiß, an wen er sich wenden und vor wem er sich öffnen kann. Und vielleicht merken wir, daß wir uns mehr zumuten sollten im Beten und im Weinen, daß wir Menschen sind und keine Helden zu sein brauchen, Gefühle haben dürfen und nicht Härte zeigen müssen. Computer weinen nicht.

Der Regenbogen

Wie oft schon haben wir es erlebt: Da hat es eben noch geregnet, am Himmel ist noch alles grau in grau, aber an einer Stelle bricht die Sonne durch und zaubert auf den dunklen Hintergrund den farbenfrohen Regenbogen. Er schwingt sich weit über das Land, steigt von der Erde auf zum Himmel und neigt sich wieder zur Erde. Wird er damit nicht zu einem

Zeichen, das auf mehr hinweisen will als nur auf das Spiel mit Farben und Formen? Und werden wir seine Sprache verstehen? Einmal verbindet er doch, was weit auseinanderklafft: Himmel und Erde. Und er tut das auf eine Weise, die uns an eine biblische Geschichte erinnert, in deren Zusammenhang vom Regenbogen die Rede ist. Nach der Sintflutgeschichte, dieser unheimlichen Beschreibung vom Untergang des Menschen in einer umfassenden Katastrophe, wird vom Regenbogen als einem Zeichen des Friedens, einem Symbol für den neuen Bund Gottes mit den Menschen berichtet.

Immer, wenn ich seitdem einen Regenbogen sehe, muß ich daran denken: Wir sind nicht ganz verlassen. Es wird nicht bei dem Dunklen und Schweren bleiben, das wir nur allzugut kennen. Wir sind von Gottes Treue umgeben, wie es jener Bogen anzeigt. Sie wölbt sich über uns, bergend, behütend und ebenso vielgestaltig wie die Farben des Regenbogens.

Dabei denke ich an das biblische Wort: »Wenn es kommt, so spricht der Herr, daß ich Wolken über die Erde führe« – und wie mancher unter uns wird jetzt nicken: Tatsächlich, lauter Wolken, die sein Leben eintrüben – aber so fährt die Zusage fort, »soll man meinen Bogen sehen in den Wolken« (1. Mose 9,14).

Jedenfalls wünsche ich Ihnen solche Augen und dazu ein Gedächtnis, das Sie daran erinnert: »Es steht gut zwischen Gott und uns!« Besser als wir angenommen haben. Aber das sagt uns nicht mehr der Regenbogen, sondern der Christus Gottes. Er ist mehr als ein Zeichen. Er ist Gottes Gegenwart: »Siehe, ich bin bei euch alle Tage« (Matthäus 28,20).

Nun blicke ich durch

Unter einigen Passanten an der Straßenbahnhaltestelle stand auch ein Blinder. Man erkannte ihn an der Armbinde und an dem weißen Stock. Nicht weit entfernt wartete ein Kind mit dem Großvater auf die Bahn. Wie gebannt schaute das Kind zu dem blinden Mann hin. Und es dauerte auch gar nicht lange, da fragte es: »Warum ist der Mann dort blind?«

Wahrscheinlich haben das auch einige der Wartenden gedacht, wenn sie überhaupt noch ein Auge für andere haben. Aber keiner hätte laut zu fragen gewagt. Das Kind hat für sie alle in Worte gefaßt, was sie bewegte. »Warum ist der blind?«

Gehört so zu fragen nicht zu unserem Wesen? Wir wollen wissen, warum etwas so ist, wie es ist. Wir suchen nach Erklärungen. Und es läßt uns keine Ruhe, bis wir sie gefunden haben. Warum ist das so? Weil uns das beunruhigt. Es macht uns zu schaffen, für ein Leiden keine Erklärung finden zu können. Wir möchten das einordnen, möchten eine Erklärung, die uns beruhigt und – weitermachen läßt.

Die Bibel erzählt von Hiob, jenem Menschen mit den vielen Warum-Fragen angesichts des Leidens. »Warum blickst du nicht einmal von mir weg und läßt mir keinen Atemzug Ruhe? Warum machst du mich zum Ziel deiner Anläufe, daß ich mir selbst eine Last bin?« (Hiob 7,20). »Warum verbirgst du dein Antlitz und hältst mich für deinen Feind?« (Hiob 13,24). Warum, warum? Warum bist du, Gott, so?

Hiob war ein Mensch, der nicht aufhörte, Gott Fragen zu stellen, und was für Fragen. »Wenn es einen Richter gäbe«, sagte er, »einen Richter für dich und mich, Gott, und wenn dann einer da wäre, der dich, den Starken, daran hinderte, mich zu Boden zu schlagen – wenn wir also beide vor den Richter kämen, dann würde es herauskommen, daß du einen Unschuldigen verfolgt hast« (Hiob 13,18–23).

In dieser Sprache redete Hiob mit Gott. Mit lautem Klagen und mit zornigen, heftigen Fragen. Hat er sich nicht gerade durch solche bohrenden Fragen hellhörig und für Gottes Antwort bereit gemacht?

Hiob liebt Gott und erträgt nicht, daß in seinem Herzen Zweifel an der Gerechtigkeit Gottes auftaucht. Mitten darin gewahrte er den, der da ist, den starken Gott, den Heiligen. Mitten in diesen Spannungen und Konflikten. Und das liest sich dann so: »Vom Hörensagen hatte ich von dir vernommen, jetzt aber hat mein Auge dich geschaut« (Hiob 42,5). Gott ist kein Fremder mehr für Hiob.

Gehorsam vor Gott, das ist kein Mechanismus. Mit einem Ja, das nur von den Lippen gesprochen wird, fängt Gott nichts an. Man muß die Finsternis, die in einem ist, vor Gott bringen und nicht aufhören, darum zu bitten, erleuchtet zu werden. Und wo sie anhält, die Dunkelheit der Fragen, der Zweifel, der Verbitterung angesichts der Zustände in unserer Welt und unseres eigenen Lebens – nicht aufhören, nach ihm zu rufen.

Freilich, mancher fragt noch schärfer, zum Beispiel die Jünger Jesu. Sie fragten angesichts eines Blinden: »Meister, wer hat gesündigt, dieser oder seine Eltern, daß er blind geboren ist?« (Johannes 9,2). Sie wollten eine ganz bestimmte Antwort haben. Es war für sie klar: Es muß ein Zusammenhang zwischen der Blindheit dieses Mannes und einer bestimmten Schuld bestehen. Die Frage war für sie nur: Wo liegt die Schuld? Wer hat sie begangen? Vielleicht haben sie sich ein paar Antworten selber gegeben. Aber wie das so ist, da bleibt ein Rest übrig, ein nicht zu begreifender Rest.

Jesus gibt keine einzige von den Erklärungen, die

so im Schwange waren. Er übergeht die Vorstellung der Jünger von Ursache und Wirkung, wenn er antwortet: »Es hat weder dieser gesündigt noch seine Eltern, sondern es sollen die Werke Gottes offenbar werden an ihm« (Johannes 9,3). Aber was heißt das? Zumindest dies: Gott ist nicht bloß der Schiedsrichter in einem Spiel, das im wesentlichen von uns bestritten und nur bei einem Verstoß gegen die Regeln unterbrochen wird. Er ist der Herr. Hier gibt es viele Einwände. Ist es nicht lieblose Verachtung, Mißbrauch des Menschen, wenn ein Leidender nur »Material« ist in Gottes Hand? Aber Jesus will ja nicht erklären, woher das Leid kommt, sondern er sagt, woraufhin es unterwegs ist: Daß an dem Leidenden Gottes Werke offenbar werden sollen. Es ist der immer schwer zu beschreitende Weg von dem »Warum?« zu dem »Wozu?«.

Um keine Mißverständnisse aufkommen zu lassen: Jesus hat nicht behauptet, daß es das nicht gibt: Krankheit im Zusammenhang eigener Schuld oder Schuld der Eltern. Aber es muß nicht sein. Es kann sein, daß Gott uns und anderen etwas von sich zeigen will. Jedenfalls Deutung und Verwandlung unseres Leidens werden wir allein von Christus erfahren, nicht aus den Erklärungen, die wir uns geben, und nicht aus den Stimmungen und Gefühlen, die wir haben. Bei manchem hat sich darum schon Schmerz in ein großes Staunen verwandelt, als er diesen Schlüssel fand: »Daß die Werke Gottes offenbar würden.«

Wir meinen, unsere Erfahrungen sprechen dagegen. Wir halten Schmerz und Krankheit, ja vielleicht das Leben selbst oft für wenig geeignet, Werke Christi offenbar zu machen. Wir zählen ganz anderes auf, was da herauskommt. Aber Christus gibt uns eine neue Sicht, die geradezu atemberaubend ist. Nicht mehr, woher das Leid kommt, ist die Frage, auf die wir Antwort geben sollen, sondern wie wir uns ihm stellen. Man kann also durch Jesus sehend werden, sozusagen das richtige Augenmaß bekommen. Mancher hat das für sich auf die einfache Formel gebracht: »Nun blicke ich durch!«

Ein heller Morgen

Welch ein Erlebnis, irgendwann an einem Morgen ganz oben zu stehen, wenn man früh von der Hütte aufgebrochen ist, um den Sonnenaufgang zu erleben. Können Sie sich daran noch erinnern? Oder wenn man in Richtung Süden fährt, wachsen langsam die Berge aus dem Horizont heraus. Und die einen werden still vor Ehrfurcht, und die anderen können nicht genug Worte finden, um diese Schönheit zu beschreiben.

Freilich, nicht jeder kann so unbefangen davon reden. Mancher weiß von ganz anderen Bergen zu berichten, die ihm den Weg in die Zukunft verstellen. Die Berge der Angst, der Sorge, der Enttäuschung, der Bitterkeit, des Zweifels. Wenn man so dran ist, dann fragt man: »Ich hebe meine Augen auf zu den Bergen. Woher kommt mir Hilfe?« (Psalm 121,1).

Solche Leute gibt es auch unter uns, die unruhig sind, unsicher, und die von sich nur sagen können: Ich sehe nicht mehr durch. Jemand, der so dran ist, der kann für sich weiterbuchstabieren: Ja, ich sehe nur Berge und ich sehe nur sie, sonst sehe ich nichts. Sie verstellen mir meine Zukunft. Und sie tragen viele Namen. Wohin ich auch schaue, da sind sie. Ich blicke nicht mehr durch. Wer zeigt mir den Weg, woher kommt mir Hilfe?

Der Psalm fährt fort – und es ist wie ein Dialog, der dort geführt wird mit einem, der ganz weit fort ist: »Deine Hilfe kommt von dem Herrn, der Himmel und Erde gemacht hat« (Psalm 121,2). Und ich stelle mir manchen vor unter Ihnen, der in seiner Not denkt: »Ach, wenn doch Gott so nahe wäre, wie der Himmel über mir nahe ist und die Erde, auf der ich lebe. Ach, wenn doch ...« – »O Gott, wenn ich an die Sorgen denke, die mich quälen, an das alles, was mich zu erdrücken droht, dann weiß ich nicht, ob du da bist. Wenn ich daran denke, wie oft mir die Kraft fehlt, meine Arbeit zu bewältigen, dann weiß ich nicht, ob du da bist. Wenn ich an all das Leid dieser Welt denke, dann weiß ich nicht, wo deine Hilfe bleibt, und ich frage in dem allen: Wer hilft mir?«

Aber nun bleibt es dabei, daß man das, was man sich selbst nicht mehr sagen kann, von einem anderen zugesprochen bekommt. Und vielleicht bin ich jetzt für Sie derjenige, der das tut: »Deine Hilfe kommt von dem Herrn, der Himmel und Erde gemacht hat!«

Vielleicht, daß Sie es irgendwann selbst mitbuchstabieren können: »Meine Hilfe kommt von dem Herrn ...« Staunend werden Sie das sagen können, weil Sie erfahren: Es ist nicht alles verstellt von lauter Bergen, sondern Hilfe ist unterwegs von dem, der Himmel und Erde gemacht hat. Himmel und Erde! Wie zwei Hände, in denen wir geborgen sind, und nicht wie zwei Walzen, zwischen denen wir langsam zerrieben werden. Das dunkle Gestern will Gott in ein helles Morgen verwandeln.

Steh auf und iß!

Alleinsein ist schwer zu bewältigen. Viele werden das bestätigen. Jüngere und Ältere, Witwen und Witwer, Geschiedene und junge Leute, die zu Hause nicht mehr »daheim« sind. Da sagt man dann: »Ich fühle mich oft, als ob ich in luftleerem Raum schwebte. Ich habe Angst vor meiner leeren Wohnung. Wenn ich mit der Straßenbahn abends nach Hause fahre, würde ich am liebsten weiterfahren bis ans Ende der Welt.«

Mancher genießt es sicher, auf niemanden Rücksicht nehmen zu müssen, von niemandem korrigiert zu werden. »Aber wenn ich angeschlagen bin, dann ist es nicht so einfach.«

Mancher hat dann nur noch seine Wände, die er anredet, und nur noch die Stimme irgendeines Rundfunksprechers, die gleichsam als Laut in seine vier Wände kommt. Und ich denke daran, wie schon so mancher bei mir zu Hause saß und sein Alleinsein beklagt hat in einer Welt, in der es die Norm ist, zu zweit zu sein. »Wissen Sie niemanden, der vielleicht auf einen Menschen wartet?« »Kennen Sie keinen Kreis, in dem man mit anderen zusammenkommt, um wenigstens ab und zu einmal einen Gesprächspartner zu haben?« Und wenn schon einer versucht, diese Einsamkeit zu überwinden, indem er da teilnimmt und sich dort engagiert, dann kann es passieren, daß er irgendwann sagt: »Ich bin dauernd beschäftigt, im Beruf und in drei Vereinen, aber irgendwann fragt man sich: Was soll das alles ... und für wen?«

Und wer wagt es überhaupt, davon zu reden, wie allein er ist in einer Welt, wo jeder nach außen hin vormachen soll, er sei einer, dem es gut geht, der glücklich ist, der Anschluß gefunden zu haben scheint? Schon die Bibel sagt darüber: »Es ist besser zu zweit als einer ... Wehe dem, der allein ist. Wenn er fällt, so ist kein anderer da, der ihm aufhilft« (Prediger 4,9ff.).

Jedenfalls ist es an der Zeit, nach Möglichkeiten zu suchen, in denen Menschen, die oft den Eindruck haben, zwischen großer Freiheit und dem Gefühl von Einzelhaft ihr Leben zubringen zu müssen, neue Begegnungsformen finden. Da müssen einige anfangen – vielleicht Sie!

Da war einer, der war einfach fertig. Alles, was ihm sonst Lebensmut gegeben hatte, war wie weggeblasen. »Von Gott und von Menschen verlassen« hätte er vielleicht seine Lebensphase überschrieben. Er verkriecht sich in der Wüste, setzt sich unter einen Ginsterstrauch und redet wie einer, der aufgibt: »Es ist genug. Ich kann nicht mehr und will auch nicht mehr. Gott, nimm mein Leben von mir« (1. Könige 19,4). Er ist lebensmüde, gottesmüde und glaubensmüde, einer, der kapituliert und sich aufgeben möchte. Und er legt sich hin und schläft. Aber die Geschichte geht weiter – und wer bisher mit dem Kopf genickt hat: Ja, so ist es, der sollte jetzt aufmerksam weiterlesen, denn die Geschichte ist extra für solche Leute.

So geht sie weiter: »Siehe, ein Bote Gottes rührte ihn an und sprach zu ihm: Steh auf und iß. Und er sah sich um, da lag an seinem Kopfende ein Brot, und eine Kanne Wasser stand da« (1. Könige 19,5). Diese Geschichte von Elia will uns sagen: Es muß nicht bei der stumpfen Gleichgültigkeit bleiben. Auch nicht dabei, daß alles aussichtslos ist. Gott will uns durch seine tausend Möglichkeiten aus dem verzweifelten Alleinsein herausholen. Da sind Menschen unterwegs als Boten Gottes. Sie sagen ein Wort der Ermutigung: »Steh auf und iß.« Brot und Wasser, Hinweise auf die elementaren Dinge unseres Lebens. Sie haben ihre eigene Sprache: Gott hat dich nicht verlassen. Er hält dich am Leben. Er findet dich, wo immer du dich verkrochen hast, um dich wieder auf die Beine zu bringen. »Steh auf und iß. Du hast einen weiten Weg vor dir!« So endet jene Geschichte.

So kann es bei Ihnen auch sein, den Müden und Resignierten: ein weiter Weg, wo Sie sich keine Zukunft mehr gegeben haben. Es ist nicht wahr, was ein Dichter einmal behauptet hat: »Engel kommen nicht zu solchen Betern, die sich Verlierenden läßt alles los.« Wahr ist vielmehr: »Die auf Gott hoffen, werden eine neue Tapferkeit gewinnen. Sie werden auffahren mit Flügeln wie Adler. Sie werden wandern unermüdbar« (Jesaja 40,31).

Darum, wenn Sie noch mitten drin sind in der Resignation, vergessen Sie nicht: Die Mitte der Nacht ist der Anfang des Tages. Es geht ohne Gott in die Dunkelheit, aber mit ihm gehen wir ins Licht. Sind wir ohne Gott, macht die Angst sich breit, aber mit ihm fürchten wir uns nicht.

Der Hahnenschrei

Es gibt Erfahrungen mit sich selbst, die wir unmöglich verstehen können, ehe wir nicht selbst drin sind. In der Geschichte von der Verleugnung des Petrus wird von einem Moment gesprochen, in dem solche Erfahrungen mit sich selbst zusammenschießen.

Der Hahnenschrei – ein Signal der Krise. Petrus ist am Ende, am Ende seiner Selbstsicherheit, seines ungebrochenen Selbstbewußtseins. Was nun? Hingehen und sich aufhängen? Sich davonmachen mit der Einsicht: Du hast enttäuscht! Für dich ist hier kein Platz mehr! Verschwinde!?

Es muß ja nicht immer ein Hahnenschrei sein.

Vielleicht ist es ein Bild, das uns trifft, ein Wort, das den Nebel auseinanderreißt, eine Erinnerung, die einen plötzlich durchzuckt, grell die Szene erhellend, in der man eine schlechte Figur gemacht hat, und die Desillusionierung ist vollkommen. Vielleicht kennen Sie die Redewendung: »Ein Mensch hat sein Damaskus erlebt«, Wandlung also zu einem neuen Leben.

Aber sollten wir nicht auch manchmal von diesem Signal der Krise reden, von unserem Hahnenschrei, der uns zusammenzucken ließ, und wir waren beschämt von dem, was wir getan, und von dem, was wir unterlassen haben? Haben wir diese Lektion gelernt, und hat sie uns barmherzig gemacht gegenüber denen, die uns enttäuscht haben?

»Und alsbald krähte der Hahn« (Matthäus 26,74). Der Satz fährt einem heute noch in die Glieder. Er ist Signal für alles, worin wir Gott enttäuscht haben, wir mit den oft zu vielen und zu großen oder auch mit den zu wenigen Worten. Wenn man sich dann wenigstens noch treffen läßt und nicht stumpf geworden ist für dieses heimliche Zeichen, dann mag sein, daß man den Satz besser versteht: »Er ging hinaus und weinte bitterlich« (Matthäus 26,75), traurig darüber: So bin ich. So und nicht anders. Es war keine Panne, kein zufälliger Ausrutscher. Ich bin so.

Trotzdem, ich kann es mir nicht anders denken: Irgendwo liegt in dem Krähen des Hahns doch auch der Anbruch eines neuen Morgens. Irgendwie kündigt sich etwas an, das die Schatten der Nacht vertreibt, die Angst vor sich selbst, die Enttäuschung. Dieses Neue, das Helle, das Nichtverwischbare und nicht Auslöschbare, ist in dem Satz Jesu: »Ich habe für dich gebetet, daß dein Glaube nicht aufhöre.« Wen dieses Wort erreicht, der hält sich nicht mehr bei sich selber auf, der dreht sich um zu dem, dessen Wort ihn umfängt und trägt.

Petrus wollte zeigen, daß die Voraussage Jesu nie stimmen kann: »Ehe der Hahn kräht, wirst du mich dreimal verleugnen.« Aber dann passierte genau das, wogegen er angehen wollte. Und da steht unter vielen Sätzen der eine Satz: »Und er gedachte an die Worte Jesu.« Heißt das nun für Petrus, heißt das bei so einer Wahrheit über uns: Jetzt bist du ertappt, jetzt kommt es heraus, nun gibt es keinen Ausweg mehr, jetzt bist du dran? Aber es war eben nicht das einzige Wort Jesu, das er Petrus gesagt hatte. Es gab noch ein anderes. Für ihn und für alle, die plötzlich über sich erschrecken: »Ich habe für dich gebetet, daß dein Glaube nicht aufhöre« (Lukas 22,32).

Daran konnte Petrus auch denken, als Jesus sich umdrehte und ihn ansah. Und wenn er uns ansehen würde, heute? Was sagte uns der Blick? Daß er uns kennt, unsere Vorsätze, Begeisterung, Tradition, Prinzipien, unser Selbstbewußtsein, unsere Anmaßung, eben alles das, was auf die Dauer nicht trägt.

Aber was geschieht in uns unter jenem Blick, mit dem er uns anschaut? Sind wir einfach nur beschämt? Vielleicht auch das. Aber zugleich geschieht noch etwas anderes, als ob eine andere Kraft einspringt für unsere erschöpfte Zuversicht, als ob wir jetzt plötzlich begreifen: Wir sind ja gar nicht allein angewiesen auf uns selbst. Denn leben, wirklich leben tun wir im Grunde von so einem Satz, von dem Eintreten Jesu für uns. Das ist etwas für Leute, die bittere Erfahrungen an sich machen, die scheitern an ihren großen Plänen, manchmal an ihrem übergroßen Glauben.

Was heißt das denn: »Ich habe für dich gebetet«? Das heißt doch: Ich liebe dich, Mensch, tiefer als du ahnst. Ich kenne dich mehr als du weißt. Nehmen wir diese Zwiesprache auf. Halten wir uns an so ein Wort, weil uns sonst nichts hält. Es ist eins von denen, die Gewißheit vermitteln mitten in einem unsicheren Alltag. Was immer wir vor Augen haben mögen heute, daß wir doch diesen einen Satz nicht vergessen: Er betet für mich, damit mein Glaube nicht aufhöre. Da verharrt man nicht mehr dabei, sich selbst anzuklagen. Und man weicht der Gnade nicht aus. Da hofft man wieder für sich und andere.

Und da wird es irgendwann den Satz geben, auch Petrus wird ihn später sprechen: »Herr, du weißt alle Dinge« (Johannes 21,17). Ein Satz mit viel Erfahrung dahinter. Ich brauche mich nicht besser zu machen als ich bin. Ich muß mich nicht verstellen, ich muß nicht selber aus mir etwas machen, einen christlichen Typ mit Bekennermut oder so etwas. Wovon ich lebe, ist, daß er gebetet hat für mich, damit mein Glaube nicht aufhöre.

Hier kommt zuletzt heraus, daß wir nicht darum zu Jesus gehören, weil wir für ihn eintreten, sondern weil er uns hält, uns hebt, uns trägt. Und nicht nur Petrus, sondern alle die Schwachen, ja die Schwäche der ganzen Welt.

Die Gnade ist größer

Manchmal wird man durch irgendein Bild oder durch ein Zusammenspiel von Lichteffekten an etwas erinnert, was ziemlich nachdenklich macht. Mir ging das einmal in unserer Haigstkirche so. Wir haben da ein großes Holzkreuz an der Altarwand, und bei abendlichen Passionsandachten ist es von verschiedenen Seiten so beleuchtet, daß plötzlich daneben durch Licht-Schatten-Wirkung noch zwei Kreuze stehen. Als ich das so sah, dachte ich: Golgatha mitten unter uns. So ist es ja eigentlich. Mitten unter uns stehen die drei Kreuze als unübersehbarer Hinweis auf das Entweder-Oder, an das sie uns erinnern. Es gibt eben ein Rechts und ein Links von dem Kreuz Christi. Hier bleibt nichts in der Schwebe. Mitten durch unser Leben hindurch geht die Linie, an der unsere Entscheidungen so oder so fallen.

Sie erinnern sich sicher an die Geschichte. Der in der Mitte am Kreuz, Jesus Christus, und rechts und links jene Revolutionäre, Mörder, Schächer, oder wie man sie auch bezeichnen mag. Sicher, es wird manchen von uns geben, der geniert sich, mit jenen auf eine Stufe gestellt zu werden. Aber wenn es um jene letzte und umfassende Entscheidung über Leben und Tod geht, schrumpft da nicht alles, was uns unterscheidet, auf jenes Entweder-Oder zusammen?

Da gibt es doch welche, die rufen: »Bist du Gottes Sohn, so hilf dir selbst und uns« (Lukas 23,37), wie der eine neben dem Gekreuzigten. Das sind Menschen, die Gott gern vorschreiben, wie und wann er zu handeln hat. Und wie oft haben wir selbst ihm da auch schon ein Ultimatum gestellt: Wenn du jetzt nicht eingreifst, dann kann ich nicht mehr an dich glauben!

Aber da ist dann noch der andere, der gesagt hat: »Wir empfangen, was unsere Taten wert sind« (Lukas, 23,41). Einer, der nichts mehr ins Spiel bringt, nichts mehr, mit dem er sich abdeckt, nichts mehr, das ihn entschuldigt. Der seinen Tod annimmt als der Sünde Sold. Er stellt sich dem Urteil Gottes. Er hat nichts mehr, auf das er sich verläßt. Er kennt nur noch eins: »Herr, denke an mich.« Keine Forderung, kein Katalog von Wünschen, kein erzwungener Gottesbeweis, nur: »Denke an mich, Herr.«

Gibt es einen besseren Satz für die guten und für die bösen Tage des Lebens als diesen: Herr, denke an mich? Das ist nicht erst ein Satz der letzten Stunde, sondern auch einer für heute. Für alle die, die vor einer schweren Entscheidung stehen, einer Operation, oder irgendeine bittere Erfahrung verarbeiten müssen.

Der damals so gebeten hat, erhielt eine überwältigende Antwort: »Heute noch wirst du mit mir im Paradies sein« (Lukas 23,43). Und das heißt doch: Von jetzt an bist du immer bei mir.

So bleiben die Gedanken zuletzt bei dem Mann in der Mitte. Bei dem, der, was immer wir auch gewesen sein mögen, verwandeln kann und will. Mancher mag meinen, die moralische Weltordnung gerate aus den Fugen, wenn so umgegangen wird mit der Schuld. Aber das ist eben die neue Ordnung Gottes, daß dort, wo die Schuld ein unerhörtes Maß erreicht hat, die Gnade dieses Maß noch übersteigt.

Jesus sagt: »Ich lebe, und ihr sollt auch leben!«

Jesus sagt das wie jemand, der Nachricht gibt aus einer ausweglosen Situation, in der man ihn schon aufgegeben hatte: Ich lebe! Und er sagt das von jener Grenze her, an der wir scheitern und die er überwunden hat. Ich lebe, das heißt: Ich bin durch! Und er sagt das nicht nur für sich, sondern auch für uns: Ihr sollt auch durchkommen. Was er hat, das behält er nicht für sich, daran läßt er uns teilnehmen. Uns, für die er diesen Weg gegangen ist. Uns alle!

Und noch einmal: Er sagt nicht: »Ich lebe, und ich werde euch richten«, er sagt auch nicht: »Ich lebe, und ihr werdet sterben!« – alles Sätze, die man manches Mal ihm anhängt –, sondern er bleibt dabei: »Ich lebe, und ihr werdet auch leben« (Johannes 14,19).

Wenn es so um uns steht, daß wir mit dem verbunden sind, der wirklich etwas vom Leben versteht, weil er den Tod überwunden hat, wieviel muß sich dann heute ändern dort, wo wir uns von allen ermutigenden Lebenszeichen abgeschnitten fühlen! Denn seine Auferstehung, seine Lebensqualität will uns ja nicht in irgendeine Jenseitsvorstellung hineindrängen, sondern das Leben hier ändert sich. Heute, jetzt! Wenn Jesus sagt: »Ich lebe, und ihr sollt auch leben«, dann meint er nicht nur ein Leben nach dem Tod, sondern auch das vor dem Tod, Leben, das sich lohnt.

Doch obwohl es schon Ostern geworden ist, unter welch einem Licht führen wir unsere Tage? Der Alltag sieht doch oft so aus, wie mir das einmal jemand beschrieben hat: »In mir ist alles wie tot und leer, da ist ja keine Kraft mehr, für nichts.« Und ein anderer: »Früher, ja, da konnte ich auch noch so wie andere, da wußte ich noch, wozu ich auf der Welt bin, da hatte ich Beziehungen zu anderen Menschen. War gut aufgehoben. War sicher in meinem Urteil und meinen Überlegungen. Aber jetzt? Jetzt sehe ich nur noch dunkel.« – Alltag nach Ostern. Ohne viel Hoffnung, ohne viel Zutrauen, ohne viel Zukunft.

Wenn wir die Ostergeschichten genauer kennen würden, dann wüßten wir, daß es den Jüngern damals auch so erging. Die waren, wie man heute so sagt, frustriert, erfolglos, alles schien vergeblich zu sein. Aber dann steht da mitten darin ein Satz in diesen Geschichten: »Am anderen Morgen stand Jesus am Ufer, und sie wußten nicht, daß es Jesus war« (Johannes 21,4). So sieht eigentlich Alltag nach Ostern aus. Wir alle unterwegs auf jenen Morgen zu – aus welcher Nacht wir auch immer kommen mögen. Da gibt man sich ja meistens kein Morgen mehr, man ist enttäuscht, niedergedrückt, depressiv. Vielleicht, weil man mit dem Altwerden nicht zurechtkommt, vielleicht, weil einen irgend jemand verbittert hat, vielleicht, weil man so isoliert ist von allem.

Aber »am anderen Morgen stand Jesus am Ufer«. So einen Satz brauchen wir in solch einem Alltag, wie wir ihn oft bewältigen müssen. Er sagt uns: Wir werden erwartet. Wenn das wahr ist, dann sind wir doch mit dem, was so ein Tag heute bringen mag, nicht allein.

Wir sollten jedenfalls darauf gefaßt sein, in welch einer Gestalt und auf welche Weise er sich auch am Ufer des Morgens zeigen will. Vielleicht in einem Menschen mit einem bestimmten Wort für uns. Vielleicht in einer Erfahrung, die uns aufschließt für die Wirklichkeit: Er ist es! Hinter allem, was wir nicht genau beschreiben können: Er selbst!

Das soll auch einmal dann gelten, wenn wir meinen, daß die Nacht endgültig über uns zusammenschlägt. Dieses Empfinden gibt es ja auch. Nicht nur auf irgendwelchen Intensivstationen, nicht nur in tiefen Enttäuschungen und Lebenseinbrüchen. Seit Ostern bleibt es nicht bei der Nacht, sondern für uns gilt: »Am anderen Morgen stand Jesus am Ufer« – auch dort, wo das Meer unserer Zeit endet. Wie das einmal ausschaut – wir wissen es nicht, aber vielleicht so, wie es in einer Kirche eingemeißelt ist. Da wird etwas beschrieben von jenem Ufer, an dem Jesus uns erwartet: »Seid ohne Furcht, wenn eines Tages die Kraft der Atombombe den kreisenden Erdball sprengen sollte, dann wird sie doch nichts sein gegen jene Gewalt, die den Stein vom Grab hinwegwälzte. Christus hat einmal den Tod besiegt, alles Grauen währt nur bis zum dritten Tag. Und jede Vernichtung ist eingeschlossen in seine und unsere Auferstehung.«

Zu kühn, diese Zukunftsperspektive? Aber mit weniger sollten wir seit Ostern nicht rechnen. Jedenfalls, so sind wir dran: daß alles gut werden wird mit uns, unter allen Umständen und manchmal schon heute.

Was wir werden, weißt du schon –
wann wird es erscheinen?
Heut schon leben wir davon:
Wir sind doch die deinen.

Oft bist du uns fremd und fern,
wie nur ist's gekommen?
Und wir spähen nach dem Stern
unruhig und beklommen.

Zeig den Füßen einen Weg.
Gib dem Herzen Wahrheit.
Mache die Gedanken hell.
Leg auf Augen Klarheit.

Wenn wir sehen, wer du bist,
finden wir, gefunden
durch dich, lieber Herre Christ,
uns – und wir gesunden.

Was wir werden, weißt du schon;
bald wird es erscheinen.
Immer leben wir davon:
Wir sind doch die deinen.

Abschied und Neubeginn

Er hat noch niemals was versehn
in seinem Regiment;
nein, was er tut und läßt geschehn,
das nimmt ein gutes End.

Ei nun, so laß ihn ferner tun
und red ihm nicht darein,
so wirst du hier im Frieden ruhn
und ewig fröhlich sein.

Paul Gerhardt

Leben unter neuer Wirklichkeit

Wir leben in einer Zeit vieler Veränderungen. Manches davon geht uns zu schnell, wir kommen nicht nach. Und anderes scheint geradezu bedrohlich auf uns zuzuwachsen. Man fragt sich: Wie muß eigentlich der Mensch heute beschaffen sein, um damit fertig zu werden? Muß es nicht ein ganz anderer Typ sein, als wir es sind? Einer, der die wachsende Fülle des Wissens und Könnens bewältigen kann? Also ein ganz sachlicher, geradezu eiskalter Typ, ein maschinenmäßig reagierender Mensch in der Welt der Maschinen? Muß es nicht überhaupt ein neuer Mensch sein? Was ihn auszeichnen soll, darüber schreibt Robert Jungk: Objektivität, Neugier, geistige Beweglichkeit, Teamgeist, Übersicht.

Den vielen Planungen und Hoffnungen vom neuen Menschen sollten wir nicht einfach skeptisch und mißtrauisch gegenüberstehen. Aber wir sollten uns fragen: Aus welcher Richtung erwarten wir eigentlich den neuen Menschen? Davon zu reden und darüber nachzudenken sind wir unserer Zeit schuldig.

In einem Gespräch hat Jesus einmal sehr klar und zur großen Überraschung des Gesprächspartners über den neuen Menschen gesagt: »Es sei denn, daß jemand geboren wird aus Wasser und Geist, so kann er nicht in das Reich Gottes kommen« (Johannes 3,5). Das ist mehr als »innere Umkehr« oder »sittliche Erneuerung«. Da geht es um einen neuen Anfang, der nicht erstritten oder erworben werden kann. »Wiedergeboren aus Wasser und Geist«, sagt Jesus. Eine seltsame Zusammenstellung: Wasser und Geist. Das eine ist das Bestimmtsein von oben – Geist, berührt von der Nähe Gottes. Aber das andere, das Bild für das Wasser? Beschreibt es nicht eine chemische Verbindung beispielhafter Art, ein Symbol für das Materielle? Denn jeder unter uns besteht zu ungefähr 80 Prozent aus Wasser. So trifft der neue Anfang eben nicht nur unsere geistige oder geistliche Seite, sondern unseren ganzen Menschen nach Seele und Leib. »Leiblichkeit ist das Ziel aller Wege Gottes«, heißt es einmal. Der Anfang mit Christus ist gemacht.

Wie sieht dann so ein Leben unter dieser neuen Wirklichkeit aus? So, daß dort, wo dieser Geist des Herrn einen Menschen ergreift, Freiheit ist. Zum Beispiel: Freiheit von der Sorge, daß wir das Leben nicht bewältigen können; Freiheit von der Schuld, die uns ins Stolpern bringen will. Ja noch mehr! Wem dieser neue Anfang in die Glieder gefahren ist, der stellt überrascht fest: Im Glauben überschreiten wir unsere Grenzen. Und wir sind erstaunt, welche Anfänge von diesem einen Anfang aus möglich sind. Zum Beispiel in einer Sache sehr lange, aber ohne Ungeduld auf eine Wende zum Guten warten können; Härten aushalten, ohne zu klagen; Liebgewordenes hingeben, ohne zu bedauern; von Vertrautem Abschied nehmen ohne Wehmut; Niederlagen hinnehmen können, ohne mutlos zu werden; in der Furcht vor einer sich selbst zerstörenden Gesellschaft eben doch so etwas wie eine durchgehende Strähne von Bewahrung, Errettung und Erhaltung entdecken.

Und das alles, weil das Neue in unserem Glauben eben nicht in unserer Charakterstärke oder aus unserer Leistungsfähigkeit besteht, sondern in der Treue Jesu Christi – also nicht darin, was wir alles machen. So liegt der neue Mensch nicht im Griffbereich unserer Hände, aber er ist Gottes Möglichkeit mit uns. In Jesus hat sie ihren Anfang und ist sie das Versprechen, daß es mit uns auch so werden wird wie mit ihm.

In der Bibel steht ein eigentümlicher Satz. Es ist fast kaum zu glauben, was da im Zusammenhang unseres Themas gesagt wird: »Ich will euch ein neues Herz und einen neuen Geist in euch geben, spricht der Herr« (Hesekiel 11,19). Ist das nur eine Art Illusion? Ist da mit jemandem die Sehnsucht nach Anderssein durchgegangen? Nein. So kann Leben von Gott her verwandelt werden. Wir müssen nicht immer die sein, als die wir uns kennen: mit einem Herzen, das hart geworden ist durch das Leben, mit einem Geist, der genau darauf achtet, was uns zusteht, mit einem Wissen, das oft wenig erfreulich ist, und mit einer Gesinnung, die nicht viel erwarten läßt.

Aber nun: Ich will euch ein neues Herz und einen neuen Geist geben! Wir sind veränderbar. Gott, der uns unsere Originalität gegeben hat, will uns nicht durch eine Schablone zerstören lassen.

Ein neues Herz! Zählen wir doch einmal auf: Neue Entscheidungen wären möglich für andere Menschen, für uns selbst. Ein neues Empfinden für Leben um uns herum. Und dann die Hoffnung, mit der das neue Herz und der neue Geist auch dort noch Zutrauen haben, wo man – in den alten Verhältnissen – längst aufgegeben hätte, noch etwas zu erwarten.

Jedenfalls hat die unsichtbare Gewalt, Heiliger Geist genannt, die sich nicht darstellen läßt, die Kirche Christi geboren. Diese Gewalt hat zwölf unstudierte Männer in die Welt geschickt mit nichts anderem als den paar Geschichten von Jesus. Aber sie hat Meinungen erschüttert und Religionen gestürzt, Spötter zum Schweigen gebracht und Tausende mutig sterben lassen. Aus erkennenden wurden bekennende Menschen, aus wissenden wurden handelnde Leute und aus ungläubigen Zuschauern Menschen, die – erlauben Sie den Ausdruck – begeistert mitmachten.

Wer also wissen will, wie es sich mit dem Heiligen Geist verhält, wird darum nicht zuerst fragen: Wer ist er? – sondern: Was wirkt er? Denn das passiert seitdem, daß Gott mit Menschen durch Menschen handelt. Wie? Nun, vielleicht hilft das Beispiel vom Magneten. In so einem Ding stecken ja wunderbare Kräfte. Wir kennen das. Man kann mit einem Magneten eiserne Gegenstände, etwa Nägel, heben. Dabei wird ein Nagel, der am Magneten hängt, in diesem Augenblick selber magnetisch, so daß er in der Lage ist, kleinere Nägel anzuheben. Freilich, seine Kraft hält nur so lange vor, wie er mit dem eigentlichen Magneten verbunden ist. Reißt man ihn los, fallen auch die kleinen Nägel wieder ab. Ein Gleichnis, nicht mehr. Aber wenn man das übersetzt, dann sagt es etwa, daß der Heilige Geist Menschen ergreift und durch sie hindurchgeht, so daß einer dem anderen von Gott sagen kann. Nicht so, daß es unverbindlich bleibt, als geschehe dies nur zwischen diesen beiden, sondern so, daß Gott sich der Rede des einen annimmt, als wäre es von ihm selbst gesprochen. Denn der Heilige Geist weht nicht irgendwo unsichtbar im Raum. Er wirkt in den Worten und in den Taten, im Lebenszeugnis von Menschen. Die Pfingstgeschichte erzählt das so, daß sich die vielen Besucher aus aller Welt, die sich anläßlich eines großen jüdischen Festes in Jerusalem eingefunden hatten, in ihrer Sprache angeredet wußten. Sie sagt damit, daß der Heilige Geist die Verwirrung der Sprachen überwindet. Die Beziehung von einem zum anderen ist nicht länger mehr bestimmt von der Verschiedenartigkeit der Rasse, der Ideologie, des sozialen Standes, sondern von dieser Kraft, die alle Mauern durchlässig macht, so daß Menschen sich anders als bisher begegnen können. Auf diese Weise ist Pfingsten zur Ausgangsposition einer großen Bewegung geworden. Denn der Heilige Geist bringt in Bewegung. Da wird nicht eingeschläfert, sondern wach gemacht. Da wird keine Stimmung gepflegt, sondern aufmerksames Leben ermöglicht. Da geht es um das Christwerden der Christen.

Wir werden geführt

Eigentlich ist es etwas Selbstverständliches, und doch ist es nicht leicht, es zu lernen. Ich meine das Älterwerden. Wenn aller Anfang schwer ist, so dieser ganz besonders. Es gibt genug Leute, die jetzt nur von dem reden, was sie verlieren, die meinen, ihnen werde ständig nur noch etwas genommen. Die Gesundheit wird weniger, die Lebenskraft schmilzt, Beziehungen trocknen ein. Die Frau hat mit sich zu tun auf eine Weise, daß man oft das Gefühl hat: Sie findet den Weg über die Schwelle in das Älterwerden genausowenig wie du selbst auch. Muß man sich jetzt ständig nur noch mit sich selbst beschäftigen? Sich prüfen: Wieviel Beziehungen bestehen noch, wieviel Kraft, wieviel Hoffnungen, wieviel Lebensmut, und sich dann als Ergebnis von der Resignation überziehen lassen wie mit einem Grauschleier, der sich vor die farbigen Bilder des Lebens hängt? Und immer mehr solcher Schleier kommen hinzu, und man sieht die Welt, die Menschen um sich herum nur noch in Umrissen.

Was uns fehlt, ist das Zutrauen, diesen Vorhang beiseite zu schieben und zu entdecken: Das Leben ist nicht einfach hinzunehmen, sondern zu erleben, auszukosten. Nein, es muß nicht so sein, wie einer behauptet: »Nun bin ich in den Ruhestand getreten und bin wie ins Leere gefallen.«

Wir lassen uns ja oft viel zu sehr von unseren Mängeln und Fehlern gefangennehmen. Wir meinen, weil wir mit einer Lüge begonnen haben, müßten wir auch so fortfahren. Umkehren können, das ist: Ich bin so frei, neu anzufangen, in eine neue Richtung aufzubrechen, trotziges Schweigen in suchendes Gespräch übergehen zu lassen, mürrische Stimmung abzulösen durch Freundlichkeit. Das Angebot des Lebens, das Gott uns macht, will uns jedenfalls herauslösen aus den unauflöslichen Notwendigkeiten und uns die Welt unbegrenzter Möglichkeiten erfahren lassen. »Das Alte ist vergangen, es ist alles neu geworden« (2. Korinther 5,17). Das ist angebotenes Evangelium. Und es will sagen: Es muß nicht immer so sein, wie es an allen Tagen war. Es gibt eine neue Richtung. Freilich, man muß nicht nur mit ihr liebäugeln, sondern auch Schritte tun, seine Worte anders setzen, seinen Blick, so daß etwas ausstrahlt. Bei Martin Buber heißt es: »Was wir lediglich an unserer Seele zu wirken meinen, wirken wir in Wahrheit am Schicksal der Welt.«

Da kann es sogar zu so etwas wie einer gewissen Neugier kommen, aus der gespannt darauf gewartet wird: Welche Gaben und welche Aufgaben kommen wohl jetzt auf mich zu? Manchmal liegen sie ganz dicht nebenan. So wie eine Frau das verstanden hat, die mir sagte: »Mein Mann ist krank, schwerkrank, aber wir zwei sprechen ausführlich darüber, was diese Zeit für uns bedeuten kann.« Zwei, die verstanden haben, daß nicht nur genommen, sondern daß auch gegeben wird.

Es geht eben nicht nur um eine Geschichte des sich ständig Zurückziehens, sondern um eine Neuorientierung, die früh genug beginnen sollte. Ich denke da an eine Stelle in der Bibel, wo Jesus einem Menschen sozusagen im besten Alter, auf dem Höhepunkt seiner Leistungsfähigkeit – es ist Petrus –, sagt: »Als du jünger warst, hast du dir selbst den Gürtel umgelegt und bist gegangen, wohin du wolltest. Doch wenn du älter geworden bist, wirst du deine Hände ausstrekken, und ein anderer wird dich gürten und dich führen, wohin du nicht willst« (Johannes 21,18).

Ist das zu direkt? Möchte man das nicht hören, wenn man ganz vorne ist mit Worten und mit Taten? Jesus hält es für notwendig, den Mann, der vor Leistung, Selbständigkeit, Erfolg und eigenwilliger Entscheidung strotzt, vorzubereiten. Er wird gleichsam eingewiesen in eine Zeit, die kommen wird, »da du deine Hände ausstreckst und ein anderer dich führen wird, wohin du nicht willst«.

Und wohin wollen wir nicht? Vieles müßte jetzt aufgezählt werden, eben auch der Weg in das Älterwerden. Aber nun die Gewißheit: Wir werden geführt. Das kann zum Beispiel so aussehen, daß wir von ganz bestimmten Ereignissen an dieser Lebenswende aufgerüttelt und zu neuen Aufbrüchen gedrängt werden. Damit wir nicht zu überrascht sind, wenn es soweit ist, sollten wir früh genug damit anfangen, unser Morgen und unser Übermorgen zu bedenken.

Nun mag mancher fragen: Wie, wo finde ich denn Aufgaben? Ich möchte einiges aufzählen. Wer Enkel hat, der ist hier gut dran. Denn deren Eltern haben oft nicht genügend Zeit für ihre Kinder. Dabei brauchen die jemanden, der ihnen zuhört. Und es ist schön, junge Menschen zu erziehen, aus einer Distanz, die mehr Liebe als Strenge erlaubt. Jedenfalls Umgang mit Enkeln, das ist Anteilhabe am Leben.

Das kann für einen anderen freilich auch so aussehen, daß er sich einen kleinen Garten zulegt und nun auf diese Weise am Wachstum, Gedeihen, am Säen und Ernten – lauter Bilder für das Leben – teilhat.

Hierher könnte auch gehören – was mancher heute

tut –, seine eigene Lebensgeschichte aufzuschreiben mit den Motiven, den Zielen, den Enttäuschungen, besonders aber mit den tiefgehenden Eindrücken, die lebensbestimmend, ja lebenswendend gewesen sind.

Mancher hat auch den Mut, etwas ganz Neues anzufangen, etwas, von dem er gar nicht gewußt hat, daß es in ihm angelegt ist. Vielleicht war es in früheren Jahren immer wieder überlagert worden von den Anforderungen des Alltags. Aber jetzt könnte man das aus den Tiefen wieder hervorholen. Zum Beispiel so eine Begabung wie das Malen.

Bei mir war vor einigen Jahren eine ältere Dame, die ziemlich niedergeschlagen davon sprach, daß es ja nun mit ihr aus sei, denn über 65 wäre wohl nichts mehr drin in ihrem Leben. Und dann redeten wir miteinander, und sie sprach davon, wie sie als Kind gern gemalt habe. Ich ermutigte sie, doch wieder einmal zu probieren, was sie damals so gut gekonnt hatte. Vor einigen Wochen rief sie mich an und erzählte mir, sie habe ihre erste Ausstellung gehabt, mit einem guten Erfolg und vor allem mit der Bestätigung, daß es sinnvoll sei, etwas Neues anzufangen.

Dazu fällt mir eine kleine Erzählung ein aus dem Bereich chinesischer Weisheit: Da war ein alter Maler, der seinen Freunden sein letztes Bild zeigte. Ein Park war darauf zu sehen, ein schmaler Weg, der sanft hindurchführte an Bäumen und Wasser vorüber bis zu der kleinen roten Tür eines Palasts. Aber wie sich die Freunde zu dem Maler umwenden wollten, da war dieser nicht mehr neben ihnen, sondern im Bilde. Er wandelte auf dem schmalen Weg zu der fabelhaften Tür, stand vor ihr still, kehrte sich um, lächelte, öffnete und verschwand (Ernst Bloch). Er ist in seinem Werk verschwunden. Der Sinn seines Lebens war, was er geschaffen hatte.

Darin könnte eine gute Antwort liegen, wenn wir nicht vergessen, unter wem wir unsere Werke tun und wie die Frage nach dem Sinn eben sich nicht gleichsam in unserem Wirken beantwortet, sondern in unserem Sein, in dem, was wir sind: Gottes unendlich geliebte Geschöpfe, die zum Licht und zum Tag gehören und nicht mehr in der Nacht leben. Wer zum Licht gehört und zum Tag, der wird immer etwas Helles, etwas Strahlendes um sich haben. Es ist nicht sein eigenes Licht, was da leuchtet, sondern er weiß, von woher er sich versteht. Das kann so weit gehen, daß man zu einem ganz neuen Selbstverständnis kommt, auch wenn man älter ist. Dieses Selbstverständnis umschreibt Albert Schweitzer einmal mit der Frage: Was ist Jugend?

»Jugend ist nicht ein Lebensabschnitt – sie ist ein Geisteszustand; sie ist Schwung des Willens, Regsamkeit der Phantasie, Stärke der Gefühle, Sieg des Mutes über die Feigheit, Triumph der Abenteuerlust über die Trägheit. Niemand wird alt, weil er eine Anzahl Jahre hinter sich gebracht hat; man wird nur alt, wenn man seinen Idealen Lebewohl gesagt hat. Mit den Jahren runzelt die Haut, mit dem Verzicht auf Begeisterung aber runzelt die Seele. Sorgen, Zweifel, Mangel an Selbstvertrauen, Angst und Hoffnungslosigkeit, das sind die langen Jahre, die das Haupt zur Erde ziehen und den aufrechten Geist in den Staub beugen. Ob 70 oder 17, im Herzen eines jeden Menschen wohnt die Sehnsucht nach dem Wunderbaren, das erhebende Staunen beim Anblick der ewigen Sterne und der ewigen Gedanken und Dinge, das furchtlose Wagnis, die unersättliche kindliche Spannung, was der nächste Tag bringen werde, die ausgelassene Freude und Lebenslust. Du bist so jung wie deine Zuversicht, so alt wie deine Zweifel. So jung wie dein Selbstvertrauen, so alt wie deine

Furcht. So jung wie deine Hoffnungen, so alt wie deine Verzagtheit. Solange die Botschaften der Schönheit, Freude, Kühnheit, Größe, Macht, von der Erde, den Menschen und dem Unendlichen dein Herz erreichen, so lange bist du jung. Erst wenn die Flügel nach unten hängen und das Innere deines Herzens vom Schnee des Pessimismus und vom Eis des Zynismus bedeckt ist, dann erst bist du wahrhaft alt geworden.«

Die Sehnsucht nach dem Wunderbaren sollte uns darum begleiten, wenn wir in eine neue Lebensphase einwandern. Wir begreifen dann, daß Abschied und Neubeginn Übergänge sind. Da mag es manchmal krisenhaft zugehen, aber das Ziel liegt doch in der Zukunft.

Was immer Sie da für Erfahrungen machen mögen: vergessen Sie nicht, daß auch Sie zum Licht und zum Tag gehören und nicht mehr in der Nacht zu leben brauchen, weil Gott Ihr Licht und Ihr Heil sein will.

Gottes und unsere Hände

Schauen Sie sich doch Ihre Hände einmal an, jetzt, genau. Vielleicht waren sie gerade tätig im immer gleichen Ablauf mechanischer Handgriffe. Vielleicht aber auch, um ein Kind zu streicheln oder um einen Menschen sorgsam durch ein Zimmer zu führen. Und wenn wir nachdenken, dann kann es geschehen, daß unsere Hände anfangen zu sprechen. Denn sie haben doch ihre Erfahrung, ihre Geschichte, haben ihr eigenes Blühen und ihr eigenes Verwelken. Wie viele Zeichen sind darin eingegraben: die von Liebe und Treue, aber auch die von Gram und Schmerz! Vieles ist in der Gestalt und Bewegung unserer Hände zu lesen. Es kommt dabei heraus, daß unser Leben nichts anderes ist als die Summe unserer Taten. Denn das wirkliche Leben ist die unablässige Tat unserer Hände. Waren sie nur Instrument, oder haben andere darin mehr entdeckt? Freude, Erwartung, Überraschung? Denn wer wir sind, wirklich sind, kommt uns doch oft genug von außen entgegen.

Unzählige Dinge kommen uns vom Morgen bis zum Abend vor die Hand. Wichtige und unwichtige. Und mit den Dingen kommen auch Aufgaben, Chancen oder Gefahren. Was wären wir ohne das Zutrauen: »Von allen Seiten umgibst du mich, Gott, und hältst deine Hand über mir. Nähme ich Flügel der Morgenröte und flöge ans äußerste Meer, so würde mich doch daselbst deine Hand führen und deine Rechte mich halten« (Psalm 139, 9.10).

Es ist erstaunlich, wie oft die Bibel, wenn sie von Gott spricht, von seiner Hand redet. Gottes Hand ist nicht nur die Übermacht, mit der er seinen Entschluß ausführt, sondern Ausdruck seines Erbarmens. Er ermutigte Menschen, einander weiterzusagen: »Siehe, des Herrn Hand ist nicht zu kurz, daß er nicht helfen kann« (Jesaja 59,1).

Das gilt auch für die, denen das Dunkel im Leben mitgespielt hat, die vom Leid überfallen sind und die ohnmächtig zuschauen müssen, wie ihnen alles aus der Hand gleitet. Von ihnen schreibt Dietrich Bonhoeffer: »Wunderbare Verwandlung. Die starken tätigen Hände sind dir gebunden. Ohnmächtig, einsam siehst du das Ende deiner Tat. Doch atmest du auf und legst das Rechte still und getrost in stärkere Hand und gibst dich zufrieden. Nur einen Augenblick berührtest du selig die Freiheit, dann übergabst du sie Gott, damit er sie herrlich vollende.«

Es wird nicht immer leicht sein, still und getrost das Seine in stärkere Hände zu geben und sich zufriedenzugeben. Oft haben wir die Hand Gottes auch anders gespürt, so, als ob sie sich zurückzieht. Wir fühlen sie nicht mehr, greifen ins Leere, meinen, wir seien allein gelassen in dieser Welt. Wir suchen vergeblich nach der großen Hand und denken, sie hätte sich gegen uns zur Faust geballt. »Deine Hand liegt Tag und Nacht schwer auf mir« (Psalm 32,4). Diese Erfahrung gibt es auch, und wie rätselhaft ist sie dann – die gewaltige Hand Gottes! Die Antwort ist Christus. Denn was ist Christus anderes als die ausgestreckte Hand des Vaters im Rätsel und Dunkel unseres Lebens? Diese Hand, die auf Kranken liegt, um zu heilen und zu helfen, die die Kinder segnet und die die Letzten der Gesellschaft aus dem Staub emporhebt. Diese Hand, die nicht erlahmt wie unsere Hände. Diese Hand, die wie ein Angebot ist: Greif zu! Faß an! Halt fest! Besser kann man es nicht bezeichnen, was Glauben heißt. Unsere menschlichen Hände aufheben, damit sie von der anderen Seite her gefaßt und gehalten werden.

Aber dazu gehört es, manchmal ohne Rückversicherung, im Vertrauen auf Gott, zu entscheiden und zu handeln. Freilich, man muß sich dabei verlassen auf das Wort von ein paar Zeugen, die erfahren haben, daß man sich im Glauben von Gott auffangen lassen kann. Daß es im Dunkel und der Tiefe des Lebens einen gibt, der uns hält. Gott läßt unser Leben nicht ins Bodenlose stürzen. Darum sagt die Schrift: »Unter dir sind ewige Arme gebreitet« (5. Mose 33,27). – Das gilt bis zuletzt, so daß der Dichter schreiben kann:

> Wir alle fallen. Diese Hand da fällt.
> Und sieh dir andre an: Es ist in allen.
> Und doch ist einer, welcher dieses Fallen
> unendlich sanft in seinen Händen hält.

Das ist das Letzte, vielleicht das Schönste, das von uns zu sagen ist, wenn unser Leben diese Reife, diese Zuversicht erfährt. Aber bis dahin gibt es noch so viel Vorletztes, so viel, wo unsere Hände um sich tasten und jeden Tag auf etwas Unerwartetes, Fremdes treffen und oft genug das Unerwartete und Befremdliche tun. Denn wenn es auch stimmt, daß unsere Hände geschickt und tüchtig sind, so tragen sie doch auch die dunklen Schatten unserer Schuld. Gilt denn nur von einem Einzigen: »Siehe, die Hand dessen, der mich verrät, ist mit mir auf dem Tisch« (Lukas 22,21)? Braucht es sehr viel Phantasie, um nicht auch dies aus den Linien unsrer Hand herauszulesen? Diese Hände, die mehr zum Greifen und Kneifen waren als zum Halten und Lindern.

Natürlich, sie erzählen auch andere Geschichten. Und wenn ich mir jetzt vorstelle, daß irgendwo in einem Haus die Hand eines Erwachsenen mit einer Kinderhand, die durch die Gitterstäbe des Bettchens herausragt, spielt, dann ist das Grund zum Nachdenken: Da die kleine Hand, die nach allem greift, spielerisch, vertrauensvoll, die sich ihre kleine Welt ertastet und in vielen Augenblicken erfährt, was sie später nie mehr erfahren wird: das kleine Glück einer heilen Welt. Und dort die andere Hand, mit Schrunden und Runzeln, in die alles eingegraben ist, was 20, 30, 50 und manchmal 70 Jahre aus dem Menschen machen. Eine Hand, die oft zufassen wollte, noch öfter festhielt und doch zuletzt lernen muß loszulassen.

Manchmal scheint es freilich so, als stünden unsere Hände in ganz anderem Dienst. Denn sie können auch zerstören. Dann, wenn sie sich zu drohender Gebärde emporrecken, wenn sie die ausgereckte Hand der Versöhnung zurückweisen. Oft genug sind unsere Hände doch Fortsetzungen jener Ellenbogen, mit denen wir uns durchsetzen. Und dann schaut man auf sie herunter, erschrocken und entsetzt: Wer seid ihr eigentlich, wenn ihr so seid? Warum seid ihr so?

Ja, Gott hat sie zu etwas Besserem geschaffen. Es steckt so viel gesunde Kraft in ihrem Zugriff. Und manch einer braucht eine Hand, die helfend zufaßt, zupackt und festhält, die ihn die Wärme eines Händedrucks spüren läßt, die aufrichtet oder trägt, die eine Tür öffnet oder einen Weg führt. Macht es denn ärmer zu geben? Vergibt man sich etwas, wenn man die Hand zum Aussöhnen reicht? Es wäre gut, solche Hände zu haben.

Vielleicht fehlt unseren Händen etwas Entscheidendes, von dem viele vor uns gewußt haben, daß es unbedingt zu ihnen gehört. Sie sagten es auf ihre Weise: Bete und arbeite! Das fehlt unseren Händen, die so tätig sein können und so vieles anfassen und in so vielen Dingen ihre Finger drin haben, daß sie sich zusammenlegen, ohne darin noch etwas festzuhalten, etwa ein Stück Sicherheit, etwas, von dem wir meinen, daß es unsre Leere ausfüllt.

Betende Hände offenbaren etwas ganz anderes. Vielleicht das, was Werner Bergengruen mit den Zeilen meint:

»Liebt doch Gott die leeren Hände,
und der Mangel wird Gewinn,
immerdar enthüllt das Ende
sich als strahlender Beginn.«

Eben weil da jenes Gesetz der Welt durchbrochen ist, nach dem gilt: Wer einen Finger gibt, dem wird gleich die ganze Hand genommen. Hier wird nichts genommen, sondern gegeben. Hier symbolisieren Hände das Wesen des Menschen, der zuletzt und umfassend angewiesen ist auf Gott. Gerade aus dieser

Erfahrung heraus haben Menschen von Gott sehr menschlich geredet. »Herr, ziehe die Hand nicht ab von mir« (Psalm 27,9). Oder: »Meine Zeit steht in deinen Händen« (Psalm 31,16).

Ist das zu menschlich von ihm gesprochen? Wir werden, solange wir Menschen sind, über dieses Gleichnis, daß Gott Hände hat, nicht hinauskommen. Gerade dann, wenn wir gar nicht mehr so ganz genau sagen können, wer Gott ist. Aber es kommt darauf an, daß wir Augenblicke finden, in denen wir uns mit allem, was uns erfüllt oder beschwert, in die Hände Gottes bergen.

Das Angebot

Angebote, in denen uns Leben versprochen wird, umgeben uns heute von allen Seiten. Vitalität ist Trumpf. Entsprechend ist nun auch der Lebensdurst bei vielen Zeitgenossen. Ihre Devise ist ziemlich eindeutig. Mitnehmen, was man mitnehmen kann. Im Konzert dieser Stimmen ist das Angebot Jesu allerdings ziemlich verloren, sein Angebot: »Wen da dürstet, der komme zu mir und trinke« (Johannes 7,37). Daß seine Stimme trotzdem noch gehört wird, mag einem manchmal wie ein Wunder vorkommen. Aber das gibt es nun eben auch: Menschen, die sich nicht zufriedengeben mit dem, was da ist. Die hungern und dürsten nach Gerechtigkeit. Leute, die in der Person und der Geschichte Jesu ein Angebot des Lebens erkennen, nach dem sie bisher vergeblich suchten. Freilich wäre alles mißverstanden, wenn sich diese Haltung in »Selbstbedienung« erschöpfte. Hauptsache, ich hab' was davon, was gehen mich die anderen an! Nein: »Wer an mich glaubt«, sagt Jesus, »von des Leib werden Ströme lebendigen Wassers fließen«

(Johannes 7,37). Das mag ungewohnt klingen, aber das bedeutet doch: Was der einzelne empfängt, wirkt über ihn hinaus. Da werden andere erquickt, ermuntert, sie atmen auf, sie können wieder. – Das ist jedenfalls die Frage, die von diesem Wort Jesu aus gestellt ist: Was geht von uns aus? Und diese Frage enthält alles, was die Summe eines Lebens ausmachen kann. »Feigenbaum, was wurde aus deiner Frucht? Lichtquelle, was wurde aus deinem Licht? Mensch, was machst du mit deinem Verstand? Großer Bruder, was machst du mit dem kleinen?« – So fragt ein Christ aus Kamerun.

Was also geht von uns aus? Es ist die Frage nach der Gestalt des Glaubens, die damit gestellt ist. Ist es Glaube, der sich mitteilt? Glaube, der mitarbeitet dort, wo Mauern abgetragen werden? Ist es Glaube, der sich in Situationen verleiblicht, wo es um Gerechtigkeit geht? Wie sollten wir sonst auch der Gefahr entgehen, auf die Bernanos hinweist: »Man verliert nicht den Glauben, sondern er hört auf, dem Leben Form zu geben. Das ist alles.« Gegen dieses Versiegen setzt Jesus das Versprechen neuer Möglichkeiten, das Angebot des Lebens: »Wer an mich glaubt, von des Leib werden Ströme lebendigen Wassers fliessen!«

Die Geschichte vom Bambus

Es gibt Geschichten, die warten darauf, entschlüsselt zu werden, indem man sich fragt: Wo kommst du vor in dieser Geschichte, und wie geschieht das? Zum Schluß möchte ich Ihnen eine solche Geschichte erzählen:

Es war einmal ein wunderschöner Garten, der lag im Westen des Landes mitten in einem großen Königreich. Dort pflegte der Herr des Gartens in der Hitze des Tages spazierenzugehen. Ein edler Bambusbaum war ihm der schönste und liebste von allen Pflanzen, Bäumen und Gewächsen im Garten. Jahr für Jahr wuchs dieser Bambus und wurde immer anmutiger. Er wußte es wohl, daß der Herr ihn liebte und seine Freude an ihm hatte. Eines Tages näherte sich der Herr nachdenklich seinem geliebten Baum, und in einem großen Gefühl von Verehrung neigte der Bambus seinen mächtigen Kopf zur Erde. Der Herr sprach zu ihm: »Lieber Bambus, ich brauche dich!« – Es schien, als sei der Tag aller Tage gekommen, der Tag, für den der Baum geschaffen worden war. Der Bambus antwortete leise: »Ich bin bereit, gebrauche mich, wie du willst.«

»Bambus«, die Stimme des Herrn war ernst, »um dich gebrauchen zu können, muß ich dich beschneiden.«

»Mich beschneiden? Mich, den du, Herr, zum schönsten in deinem Garten gemacht hast? Nein, bitte das nicht, bitte nicht! Verwende mich doch zu deiner Freude, Herr, aber bitte, beschneide mich nicht!«

»Wenn ich dich nicht beschneide, kann ich dich nicht gebrauchen.«

Im Garten wurde es ganz still. Der Wind hielt den Atem an. Langsam beugte der Bambus seinen herrlichen Kopf. Dann flüsterte er: »Herr, wenn du mich nicht gebrauchen kannst, ohne mich zu beschneiden, dann – tu mit mir, wie du willst, und beschneide mich.«

»Ich muß dir aber auch deine Äste abschneiden.«

»Ach, Herr, davor bewahre mich! Zerstöre meine Schönheit, aber laß mir doch bitte Blätter und Äste.«

»Wenn ich sie dir nicht abhaue, kann ich dich nicht gebrauchen.«

Die Sonne versteckte ihr Gesicht. Ein Schmetterling flog ängstlich davon. Und der Bambus, zitternd vor Erwartung dessen, was auf ihn zukam, sagte leise: »Herr, schlage sie ab.«

»Mein Bambus, ich muß dir noch mehr antun, ich muß dich mitten durchschneiden und dein Herz herausnehmen. Wenn ich das nicht tue, kann ich dich nicht gebrauchen.«

Da neigte sich der Bambus bis zur Erde: »Herr, schneide und teile!«

So beschnitt der Herr des Gartens den Bambus, hieb seine Äste ab, streifte seine Blätter ab, teilte ihn in zwei Teile und schnitt sein Herz heraus. Dann trug er ihn dahin, wo schon aus einer Quelle frisches, sprudelndes Wasser sprang, mitten in die trockenen Felder. Dort legte der Herr vorsichtig den Bambus auf den Boden. Das eine Ende des abgeschlagenen Stammes verband er mit der Quelle, das andere Ende führte er zu der Wasserrinne im Feld. Das klare, glitzernde Wasser schoß durch den zerschlagenen Körper des Bambus in den Kanal und floß auf die dürren Felder, die so darauf gewartet hatten. Dann wurde der Reis gepflanzt, und die Tage vergingen, die Saat ging auf, wuchs, und die Erntezeit kam. So wurde der einst so herrliche Bambus wirklich zum Segen. –

Der Weg ist nicht weit von dieser Geschichte zu uns heute und zu dem, wozu Gott uns brauchen möchte. Von einem indischen Christen stammt das Gebet:

»Herr, mach mich zu einem Bambusrohr, damit ich die dürren Gefilde meines Dorfes erquicke.«

Gebet

Ich danke dir, mein Gott,
für die Schönheit der Welt.
Du hast mir Augen gegeben zu sehen.
Einen Mund, der alles Staunen
in Sprache verwandelt.
Eine Seele, die Bilder aufzunehmen,
und den Geist, über ihren Anruf nachzudenken.
Du hast mir Ohren geschenkt,
den Stimmen zu lauschen.
Füße hast du geschaffen,
damit ich auf ihnen die Welt durchstreife.
Hände, mit denen ich betasten kann,
was gewachsen und geworden ist.

Hilf mir, daß ich mich in dieser
Freude an deiner Schöpfung nicht
verliere, sondern daß Sinne und
Organe geschärft werden für den Mitmenschen:
Gib mir Augen, die wahrnehmen,
wo einer am Ende ist.
Worte, die einladen zum Leben,
ein Herz, das Wärme ausstrahlt,
eine Seele, die sich öffnet für Ängstliche.
Geist, aus dem menschliche Entscheidungen
wachsen.
Ohren, die Stimmen unterscheiden lernen.
Füße, auf Wegen zu begleiten.
Hände zum Zugreifen und Festhalten.
Einen Willen, von dem Frieden ausgeht.
Denn in deiner Hand ist,
was unten auf der Erde ist,
und die Höhen der Berge sind auch dein.

Bibelstellenverzeichnis

Quellennachweis

S. 28f. aus: Reinhold Schneider, Das Vaterunser, 5. Auflage, Herder Verlag, Freiburg 1978.
S. 36: Mit freundlicher Genehmigung von Adolf Sommerauer.
S. 57f. aus: Fritz Pawelzik, Ich werfe meine Freude an den Himmel. Gesammelte Gebete aus Afrika, Aussaat Verlag, Wuppertal.
S. 63 aus: Bertolt Brecht, Die Dreigroschenoper, Gesammelte Werke, Suhrkamp Verlag, Frankfurt 1967.
S. 80f. aus: Arbeitshilfe von »Brot für die Welt« 1973.
S. 81 aus: Vortrag von Hans-Otto Hahn. Mit freundicher Genehmigung des Autors.
S. 89, 205 und 241 aus: Dietrich Bonhoeffer, Widerstand und Ergebung, Neuausgabe 1970, Christian Kaiser Verlag, München.
S. 132 aus: Kahlil Gibran, Der Narr, (C) Walter-Verlag, Olten 1975.
S. 144–149: Mit freundlicher Genehmigung von Willibert Gorzewski.
S. 169f. aus: Werner Reiser, Der Geburtstag von Adam und Eva, Verlag Friedrich Reinhardt AG, Basel.
S. 191f. aus: Hermann Hesse, Gesammelte Werke, Suhrkamp Verlag, Frankfurt 1970.
S. 246f.: nacherzählt von George Dell Britt, übersetzt von Irmhild Bärend

Johannes Kuhn · Geduld
Für Tage, die uns nicht gefallen
192 Seiten, kartoniert · ISBN 3-7831-0965-5

Einsam wird ein Mensch nicht nur dann, wenn er keinen nahen Menschen um sich hat, sondern auch, wenn seine engsten Beziehungen durch Eifersucht, Schuld oder unüberbrückbare Meinungsverschiedenheiten zerstört werden. Einsamkeit entsteht dann mitten in der Familie.
Johannes Kuhn schreibt über solche Krisen nicht vom grünen Tisch aus, sondern aus der Erfahrung eines Pfarrers, den immer wieder Briefe mit Notrufen erreichen. Lebenserfahrung, menschliche Wärme und Gründung im christlichen Glauben sprechen aus seinen Antworten. Durch die Fülle von Beispielen, sowohl der Krise als auch der tapferen Selbsterkenntnis sowie erfahrener Rettung, ist dieses Buch ein Zeugnis weniger des Elends als vielmehr echter Menschlichkeit.

Johannes Kuhn · Auch heute leuchtet der Himmel
Biblische Geschichten zum Vaterunser
248 Seiten, gebunden · ISBN 3-7831-0712-1

Johannes Kuhn erzählt Geschichten aus der Bibel nach, die von Begegnungen mit Jesus und mit Gott berichten. Dabei zeigt er die Verwandtschaft biblischer Gestalten und ihrer Lebenssituation mit dem heutigen Menschen. Die Geschichten aus dem Alten und dem Neuen Testament sind den einzelnen Bitten des Vaterunsers zugeordnet und beleuchten auf eindringliche Weise den Sinn des Gebetes. Johannes Kuhn fesselt durch seine Sprache und bleibt dicht am Erlebnishorizont des Menschen der Gegenwart.

Johannes Kuhn · Aufbruch in ein neues Land
Das Alter als Aufgabe
219 Seiten, kartoniert · ISBN 3-7831-0833-0

Älterwerden – nur ein Verlust oder auch eine Chance, eine Aufgabe? Dieser Frage geht Johannes Kuhn in seinen Betrachtungen nach, und er schließt sich selbst dabei mit ein. Wie ein guter Freund, mit dem man an einem langen Abend ein offenes und vertrautes Gespräch führt, ist der Ton dieses Buches. Kein Thema, das bei einem solchen Gespräch berührt wird, ist tabu: die Leere, die sich nach der Pensionierung vor einem auftut, der kritische Rückblick auf das bisherige Leben, an schöne und schwere Erinnerungen. Öfter als in den Jahrzehnten zuvor hat der Älterwerdende mit Krankheit zu tun, bei sich selbst und in seiner nächsten Umgebung, und auch mit dem Sterben. Wie geht man mit dem Leid um, dem Leid etwa durch den Verlust eines geliebten Menschen, und was ist es eigentlich, was ein Leben erfüllt und glücklich macht?
Johannes Kuhn bleibt bei allen Themen Gesprächspartner, er belehrt nicht und steht nicht über den Dingen, aber ermuntert und regt an auf dem Hintergrund seiner eigenen Lebenserfahrung und seines christlichen Glaubens. Er beschönigt nicht, was schwer ist, zeigt aber immer auch die Seiten auf, die Aufmerksamkeit und Dankbarkeit verdienen. Ein Buch, das nicht erst jenseits der Pensionierungsgrenze zu lesen lohnt.

Kreuz Verlag